博客思出版社
生活旅遊・22

行・入喜馬拉雅山

｜森給滇真（阿里）仁波切、仁欽秋吉・愛麗絲——著｜

自序
旅遊篇・心の極樂世界

喜馬拉雅山適合旅遊嗎？

許多人阻止我做這件傻事，朋友用不同的理由要我打消這個念頭；快60歲了，身體吃不消、高山症、路程危險、沒醫生、水土不服……。

好在意志力戰勝了外在阻力，讓我毅然走入喜馬拉雅山；好在堅定的信心，排除心理障礙，完成這趟行腳。當然，最重要的因素還是因為我的上師森給滇真(阿里)仁波切給了我最大的勇氣：「心的力量可以突破任何困難！」

2019年9/25到11/5因為上師的機緣，一行人踏入了喜馬拉雅山。森給滇真(阿里)仁波切在尼泊爾巴弄(Bharong)・昶巴・紅山(Dhakmar. Hongshan)閉關圓滿，即將出關行腳的當下，我們把握這次機緣，祈請迎接上師出關，因而促成此趟行程。許多機緣是可遇不可求的，藉著與上師阿里仁波切行腳的機會，我們深入喜馬拉雅山4000～5000公尺上多波的幾個村落，與當地居民相處30天，關懷鄉民所苦所需，實際的了解了尼泊爾生活文化。

從台灣到加德滿都，從堵涅Dunai起步到巴弄・昶巴・紅山(Dhakmar. Hongshan)，40天，這趟行腳遠遠超過了八千里路。走入喜馬拉雅山，如果沒有上師為我們準備的馬匹，真是

寸步難行，但是即便有馬兒，走在「沒有路的馬路」，也是步步驚心。然而，這一路的艱辛，仍然比不上內心的激動和感恩。每一位同行者都告訴我：「眼淚沒有停過。」

因為 4 千多公尺的喜馬拉雅山，不是任何人「想去就走」的行程。巍峨的山峰，隱藏的危機和艱辛，讓人望之卻步。不論山形地貌的嚴峻，或是眾神所居的神聖，喜馬拉雅山在眾人心中總存有一份崇敬不可攀的畏懼，很少會有人把喜馬拉雅山列為旅遊的目標。即便有旅遊想法，如果沒有適合的人引導，也難窺其貌。

這是人生的里程碑，即便年屆六十，依然可以向不可能挑戰！這是生命的紀錄，就因為年屆六十，更要為這趟輪迴留下些甚麼！

行到水窮處，坐看雲起時！如果不是經過內心掙扎，又如何體會「一無所有」、「心無罣礙」的無可畏懼？放掉手機、電視文明產物，「從有到無」是心的鬆綁！無須抓取、像風一樣自由，「從無到有」是無拘無束的快樂！

如果不曾踏入喜馬拉雅山，怎知道嚴峻的外表下，她原來是那麼的平易近人；如果你不曾靜觀過自己，怎知道內心的世界是可以這麼簡單的快樂！

11 月初結束行程，回到堵涅 (Dunai)，我們遇到兩團遊客，分別來自荷蘭和瑞典，每團人數約 8 人左右的精緻自由行。瑞典團的友人跟我說，在堵涅 (Dunai) 周邊繞了一圈就花了十天，風景雖美，但意猶未盡；荷蘭團的友人跟我說，來尼泊爾已經兩次，仍然未能深度了解當地民俗風情。

對大多數健行登山者而言，上多波仍充滿未知和好奇，許多地方在 google map 上仍找不到地名，更別說方向！

希望這本書都能帶給你想要的東西……徜徉在山巔雲際，欣賞喜馬拉雅山的溫柔！或許你也可以按圖索驥安排一個旅程，尋找書中的桃花源！當然，我相信這本書一定會讓紅山 (Dhakmar. Hongshan) 鄉民倍感親切，帶著它，你會有意想不到的方便。

不論在哪個面向，總之「探索心の極樂世界」是想介紹給你認識的秘境！

自序
知性篇．回到未來

我喜歡旅遊，尤其是配合歷史、人物的知性之旅。

各國民族文化都來自於祖先奮鬥的累積，生存的血淚、歷史的光輝都是民族驕傲的本源。當我們認識了這個民族的精神，打從心裡祝福對方，陌生、隔閡就自然消融；抱著欣賞的角度，真善美的世界裡不存在對立。

2008 年廢除君主立憲，成立「聯邦共和國」的尼泊爾，在許多面向都可以看到文明與文化撞擊的火花。長期內戰、百廢待興，閉鎖社會、民風保守。十年來政府積極建設，「民主」在這個國家正在發酵，改善人民生活的當下，都市商店街佈滿現代化的 3C 產品，物質文明衝擊，經濟、文化、社會都在快速蛻變中。

然而，相對於都市的開發，深藏在喜馬拉雅山裡的村落，卻讓人感受到是這麼的落後與荒涼。賤民村，沿襲祖輩的規矩與風俗，有誰關心過「民主」背後的陰暗？

沒有水、沒有電、沒有桌，孩子們趴在地上做功課，「Never give up ！」身處台灣富裕如天堂的孩子，無法想像世界上還有另一群孩子，為了扭轉生命的軌道，必須付出的努力，是如此的艱難。

對熱衷探索民族演變的人而言，多波是個不可多得的寶地。人類文明的進程原本就是一本奮鬥史，星羅散佈於山間的古老村落，人與人之間互相依存，形成各族群聚集的獨特性與凝聚力。上多波 (Upper Dolpo) 就是因為遠離城市，在生活型態仍保留了許多原始樣貌

「上師之愛」是一種生命的相遇！古老的心靈，原始的純淨，藏民對自己生生世世追隨的「祖古」全然依賴與虔敬，這種發自心靈上的豐足，給人帶來平靜與祥和。入夜的高山，零下的溫度，寬廣無遮的空地上，坐滿「抱著棉被」修法的眾生，這才讓人感受到什麼是真正的法喜充滿

我們不禁要問，為什麼強勁的山風凍不了那種暖暖的幸福感？！這是都市人無法理解的現象。從小被教育著重於「物質

現象」的價值觀，在追尋遠大的目標之下，卻忽略了方寸之間的滿足，因此雖然擁有豐富的生活享受，卻日日苦於憂慮焦躁難以成眠。

宗教給人帶來的安定力量不容忽視。因此我寫下這本書，讓大眾探索藏人為什麼能擁有這麼簡單的快樂。用鏡頭記錄我的上師森給滇真 (阿里) 仁波切行腳點滴。這位「乘願再來」的行者，如何用行動力翻轉眾生的業力，「弘法利生」在他身上是如此任運的在世間法中展現。

成長必然伴隨著酸甜苦辣，「失去或獲得」仍然脫離不了心的主導。放空一切想法，拉開忙碌步調，沉澱煩躁心情，自能找回滿足的微笑。抱著對萬物的虔敬，體會眾生如母；反觀自心，學習與自己的心溝通；寂靜的天地蘊含了無盡的智慧，你必須深度的自我剖析，走一趟心靈之旅，才能架構屬於你自己的「心の極樂世界」。

在此感謝協助此書完稿的喇嘛與師兄

祈願　眾生皆能入佛知見、止息一切忿怨、回歸宇宙祥和

謹獻　上師三寶、迴向法界真如

釋：祖古，源自於梵文，藏傳佛教對轉世修行者的尊稱。

[目　錄 CONTENTS]

002　自序 -- 旅遊篇

005　自序 -- 知性篇

012　緣起、願力・何日君再來、珍惜當下

015　開發中的尼泊爾・機場的奮戰

017　加德滿都住宿・Ti-Se 旅館之緣

019　神助・不可思議的幸運

021　尼帕干紮 (Nepalgunj)・為新開幕飯店賀彩

023　珠帕 (Juphal)・可愛的麻雀小機場

028　多波 (Dolpo) 入山須知・首府堵涅 (Dunai)

030　第一堂課：馱袋打包・人馬合一、彼此信任

033　離開堵涅・和文明 say goodbye ！

035　老師講的，你聽話了沒？隨師所行、聽話照做

038　第二個營地 (Musi Khola)・往直貢輦巴、水晶山的分岔點

041　面對黑暗・克服心的恐懼

043 茶馬古道・走出書本的死知識

047 享受孤獨・「聽心」，我與自己同在

049 童心未泯的旅程・傻傻地做、做到傻傻

054 上師威德力・喀村換馬再上紅山

057 生死交關、龍天護祐・死地後生、心的釋放

060 夏利 (Sheri) 追日・太陽威德力、等施無差別

062 因為有你，這次旅遊才能這麼快樂！

064 穿越沒有落腳處的沙坡・阿企度母化現

066 上師關房、最後一哩路・抵達曼荼羅

074 乘願再來・一片清心入世行

078 多波計畫建設故事・水晶山轉世緣起

082 心の建設，弘法利生・行者在「付出中」淬鍊人性

090 瑜珈士是真佛子・紅塵剎土演菩提行

095 關房訪客・游牧老人與直貢小喇嘛

[目　錄 CONTENTS]

099　有錢也買不到・紅山蛋餅、上師の愛

102　對牲畜感恩・放生開啟珍貴的自性大悲

105　百變阿里上師・不變的就是：恆持做功課

109　再見，紅山寺・揮揮手，不帶走一片雲彩

113　雅列村 (Yarley)・維持巴弄整體安定的主力

115　暖男特色・對外面的比對家裡的好

118　馴馬・藏人的智慧

121　山中無甲子，誰知雪將至・天候異象，三心不可得

127　雅列真情難捨難分・山上的孩子以校為家

130　山坳裡的迪讓 (Thayrang)・失去的地平線

134　無邊行願利有情・各遂所求皆不退

137　蘋果、貓鼠同眠・沒有相欠的因，它不會找你麻煩的！

140　夜空中的彩虹・天之瑞相，你只能用想像的

143　喀村，時空交界點・將佛法融入學校教育

147　山稜線跳躍・「不可能的」挑戰

152 小冉卡自願出家・藏民對「尊重與民主」的解讀
154 Kak 村的唯一，當下圓滿・一言九鼎，都是贏家
159 「暈水」你聽過嗎？・騎馬過河的經驗
161 抱棉被修法的當循 (Tachen)・福報來自於自己的努力
165 當循到慕西廓拉 (Musi Khola)・火燒山最危險的路段
169 八百年歷史の直貢村・深山裡藏了桃花源
173 睡醒的瑪哈嘎拉・起來做事服務眾生
176 賤民村日哇 (Riwa)・眾生皆平等
179 實質的助援・用教育提升日哇的質能
181 共生與平等・培福與圓緣
183 歸去雜記・里米協會迎請及外國友人的遺憾
187 返台行後記・金剛亥母灌頂與禪破授課
190 傳承心要、能量賦予・挑戰輪迴、心の極樂世界
198 行後記
202 阿里仁波切給大眾的祝福

緣起、願力・何日君再來、珍惜當下

阿里・岡底斯聖山行者的願力

森給滇真(阿里)仁波切：

「弘法利生，別人到得了的地方，讓他們去度化；別人到不了的地方，我去！」

從八百年前直貢大成就者森給益西 (Tuptop Sengey Yeshe)

到八百年後森給滇真(阿里)仁波切(Sengey Tenzin - Ali Rinpoche)，這樣的願力，生生世世的轉世與弘化總不脫離這宇宙最偏遠、人煙罕至的岡底斯聖山與喜馬拉雅山區。

「聞聲救苦，有眾生的地方就有菩薩！」

這樣的豪情壯志，哪裡能讓阿里仁波切的腳步佇留？

2012 ～ 2019 七年間，巴弄 · 昶巴 · 紅山 (Dhakmar. Hongshan) 建設的同時，仁波切也積極教化人心、導正風氣，強迫鄉民戒酒、戒肉、放生、護生，已經有九成以上的人回務本業；為了提升民生經濟，消弭各村落間冬蟲夏草殺價競爭，將青年組織起來成立防衛隊，以確保交易公平與商旅安全。為了安頓貧病孤老，將寺廟規劃出四間寮房為安老修持場所，又存入一筆錢，為無依老人留下安老基金。

阿里仁波切種種無私的付出，啟發了鄉民良善的本性。巴弄從自私自利變成互助互惠的良善之邦，民生富足人心穩定，佛法在邊地豎立不搖的根基。

然而，因緣生住異滅，無常本然⋯⋯；圓滿眾生所請的當下，也意味著此段願行即將畫下休止符！此行，我們正是要迎接上師出關。弘法、行腳是聖者必然的使命！

2019.10.8 昶巴．紅山寺 (Dhakmar. Hongshan Gompa) 上師薈供，阿里仁波切下山前的最後一場法會，鄉民哭聲不斷，離情依依⋯⋯「上師此行下山，何日君再來？」

終場，阿里上師哽咽、泣不成聲，「眾生苦未除⋯⋯」

何日君再來⋯⋯！珍惜當下⋯⋯！

開發中的尼泊爾・機場的奮戰

2019.9.25 執行長率團七人搭乘下午一點馬印航空啟程，晚上 10 點抵達加德滿都。時差兩個小時，已經是台灣的 12 點了！十一個小時的航程，大家疲累的眼睛張不開。凌晨的機場人滿為患，等待行李轉盤耗去不少時間，取下行李在機場竟然找不到一台空的置物推車。小小的航廈亂中有序，即使搶置物車也沒有劍拔弩張的火爆場面；這是我對加德滿都的第一個印象，熱鬧中生氣盎然，粗獷中不失和善。

走出機場，飄來陣陣雨滴，上師在為我們灑淨祝福！可憐的喇嘛已在外等了兩個小時，在大雨中將所有行李搬上車，抵達 Ti-Se 旅館已是 9/26 凌晨！

開發中的尼泊爾，建設速度永遠趕不上大眾的期待，行政效率不彰卻也阻止不了迫不及待的訪客，機場是第一個戰區。不論是加德滿都、或是尼帕干扎 (Nepalgunj)、珠帕 (Juphal) 機場，永遠是人滿為患。是否起飛、是否準時到點、是否來得及驗關，這些不確定性，都在提醒你一定要提早很多時間到機場。

加德滿都民宿・Ti-Se 旅館之緣

Ti-Se 旅館位於滿願塔附近，仁波切每次來都住這裡。Ti-Se 和台灣弟子也十分有緣。

2015 年 7.3 級世紀大地震，天搖地動，滿願塔頂部在地震中開裂，周圍部分小佛塔坍塌。地震的當時，仁波切和正巧來尼泊爾朝聖的台灣弟子們在 Ti-Se 吃早餐。

屋外的樓房一間間倒下，天崩地裂的聲音，駭然可怖，旅館的老闆和夥計急於離開。然而仁波切等人卻好整以暇沒有離去的意思，實際上也無處可去。

老闆慷慨地丟下一句話：「冰箱裡所有的食物，你們儘管吃，吃完沒關係，不要錢。」然後就逃之夭夭。

幾天以後，風平浪靜，老闆回到 Ti-Se。發現周邊房舍全倒、半倒，災情慘重，唯獨自己的 Ti-Se 卻能在 7 級搖晃中仍保持完好無缺，無可置疑自己是遇到了貴人。雖然冰箱已被掃光，但比起別人還是最幸運的。

地震後，台灣弟子捐出所有旅費支援阿里仁波切對尼泊爾災區救助。

Ti-Se 老闆感恩仁波切加持，感謝台灣人無私的付出，因此結下不解之緣。災難，激發了眾生本具的悲憫之性。

「付出，We are family!」不論走到哪裡，都有賓至如歸的感覺！

神助・不可思議的幸運

9/26 晚上竟然有飛尼帕干紮 (Nepalgunj 又稱尼泊爾甘傑) 的機位。正常狀況，旅行社要拿到我們的護照才能訂內陸機票。而且一周只有兩個航班飛 Nepalgunj，平常日的機票就一位難求，更何況我們十幾人要一次到位，怎麼可能在抵達加德滿都的當天下午就能成行？真是不可思議的幸運。

後來聽說，是因為堵涅 Dunai 有個師資甄試，全國來了 500 個人，所以當周的民宿全滿，旅行團訂不到房，因此機位空下來了。原本計畫 9/29 星期日飛尼帕干紮，反而是星期天以後，下週的飛機全滿，如果 9/26 不走，到 10 月初都沒位機位。更幸運的是，如果下雨，Nepalgunj 飛堵涅 Dunai 的螺旋槳小飛機就不飛。沒預期到是這樣順利，時間上一點都沒有耽擱。

昨晚的雨已經停了，今早起來雨過天青，這趟旅遊

就是這麼順利……上師的加持就一直守護著我們！

沒有「如果」、不必計畫，跟著感覺走就對了冥冥中佛菩薩早已幫我們安排好了一切。下午大夥至滿願大塔繞塔，祈願此行平安順利。然後，傍晚再次啟程飛 Nepalgunj。

▲ 一個馱袋約 20~30 公斤，給仁欽一個讚！

尼帕干紮 (Nepalgunj)．
為新開幕飯店賀彩

尼帕干紮位於尼泊爾西南方緊鄰印度，所有飛往多波 (Dolpo) 地區珠帕 (Juphal) 機場的小飛機只有在此機場起降，所以是尼泊爾內陸西南、西北最重要的轉運站。

兩個小時飛航，從加德滿都起飛，我們抵達尼帕干紮 Nepalgunj 住宿飯店，大約是晚上八點多。老闆和員工站在門口排成一列歡迎我們。雖然心中十分高興，但止不住的疑問？

這是甚麼排場？有點受寵若驚。

即便喇嘛是熟客，可是仁波切不在，我們十幾個人好像承擔不起這樣的熱情招待。原來，喇嘛在網路上竟然訂到一間全新開幕的飯店 Samarth Inn，我們是飯店第一批團客，所以老闆高興的列隊迎接我們。

驚奇還沒結束！第一個洗澡的，在浴室大叫「沒熱水！」老闆抱歉說：「熱水器還沒裝好！」

誇張ㄟ！這間飯店新到連熱水器都還沒裝好，我們就為他們開張了！秋末冬初，洗冷水澡，雖不至於「結凍」但也冷得發抖。

難忘的「開張」經驗，祝福她生意興隆！

珠帕 (Juphal)．可愛的麻雀小機場

一大早天還沒亮，我們就前往機場，今天要搭第一班機去堵涅 (Dunai)。喇嘛說我們真是一群幸運兒，Nelpagunj 從市區到機場從來沒這麼順利過，塞車、修路、轉道，像這樣準時到點，還是第一次。

大家發出會心的微笑，現在是早上 5 點！不過，喇嘛說的沒錯，要比別人幸運，一定要比別人起得早！

▲ 珠帕機場小巧可愛！

▲ 包機的感覺就像家庭旅遊，至少行李不會被棄捨在海關。

▲ 有小瑞士之稱的堵涅

珠帕機場只有13-17人座的螺旋槳小飛機起降。從Nelpagunj至珠帕，螺旋槳小飛機，最多只能乘載十幾個人，所以對乘客的行李是非常斤斤計較，隨身背包加上託運行李，每人只能十公斤；除非像我們一樣，包機，但總的也不能超出飛機能載的重量。

海關人員會問你：「你飛？還是行李飛？」「你說呢？」

為了安全，飛機不能超載、超重。超出的重量不是罰錢了事，繳錢也不能上機。最後，你只好忍痛丟包。而且珠帕機場是看天氣狀況決定飛不飛，所以能飛的日子就超級忙碌了，不是等下一班能搞定的。這點和大機場是不同的，下一班飛機可能排在半個月後了。因此只能忍痛放捨「多餘的」東西，那真是掃興，讓人玩興大減。

清早這班小飛機由我們十三人及二十多件行李全包了，航程僅約四十分鐘，兩點間距離短、重巒疊嶂無法飛高，飛機在山裡穿梭，這是段美麗的航線，尼泊爾不愧有神的國度之譽！飛機在白雲中遊走，時而上時而下，飄飄似仙騰雲駕霧；窗外山巔美景一望無垠，高聳於雲端之上的山尖，猶如蓬萊仙居，真是美不勝收。然而，一覽無遺的山景，觸目可及的山壁，也告訴了我們：航線與山的距離並不太遠，山色美景之下隱藏了飛行的危險。

一下飛機就見到持槍荷彈的軍人，嚴峻的目光掃視著遊客。森給慈善基金會秘書長邊巴頓珠馬上到停機坪旁的辦公室去做團體登記，然而這樣肅穆的氣氛，卻一點也不影響我欣賞珠帕 (Juphal) 的心情。這個世界上著名的短跑道高山機場，客運頻繁、起降不斷，真是忙碌又可愛的「麻雀小機場」。

出了機場，喇嘛帶我們到旁邊涼亭喝茶等接駁車。涼亭旁有一間民宿，回程時我們就住在這間民宿；珠帕機場，也是軍事要塞，周邊交通不便，提早兩小時通關是有必要的，所以住

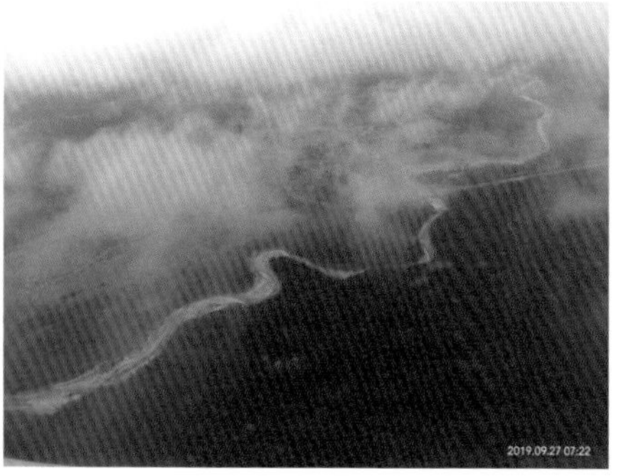

▲ 沿山而飛，景色優美，窗外山壁似乎觸手可及，飛行技術了得。

在機場旁是最安全的保障。

珠帕 (Juphal) 機場到堵涅（Dunai）約十三公里，1.5 小時車程，喇嘛在當地租了一台八人座的廂型車，皮箱都架在車頂上，顛簸的路面，搖晃的老爺車，我們前後分批而行。

這裡我要提醒一下背包客，所有行李、馱袋、及無法安置在你手邊的旅行袋都必須上鎖。因為回程的時候發生一件小插曲，從堵涅到機場這段路，雖然我們也是包車，但司機為了賺錢仍然接客上下，喇嘛跟司機溝通無效。後來我們放置在後車廂的旅行袋被打開，損失了一些衣物、水壺之類。雖然價值不高，但出門在外的不方便可能比價錢還重要，這是怪不得別人的，只能說得一個教訓學一次乖。

多波 (Dolpo) 入山須知・首府堵涅 (Dunai)

堵涅 (Dunai)，我們今晚休憩的地方。

這個小鎮並不大，但卻是進出多波山區的主要通道，入山簽證得在這裡申請；由於市集交易頻繁，山區所需生活物資補給，都在此採買，造就了金融業；風景優美，又有網路可與外界通訊，是健行者喜愛的重點營地，所以發展了旅遊業。天時地利的種種因素，堵涅 (Dunai) 成為多波 (Dolpo) 的首府，政府機關所在 Dolpo，是尼泊爾國家公園管制區域，進入須有入境許可證；入境簽證費用分為上多波地區每日需繳 USD50 及下多波地區每日 USD10，以喀村 (Kak；Kagkot) 為分界點。入山許可證在尼帕干紮 (Nepalgunj) 機場登機時就會檢查。

全國師資甄試正在此地舉行，所以民宿幾乎都客滿我們的噗噗車恰巧就停在 Ompar guest House 門口，運氣不錯還有空房，基本設備都俱全，老闆和善笑臉迎人。

不懷疑，就是為我們預留的房間吧！堵涅我們待了兩個晚上，主要是讓身體適應海拔 2650 的氣壓及氣候，另一方面則是等待來自喀村 (Kagkot 簡稱 Kak) 的馬隊與騾協助我們上山。

▲ 堵涅 (Dunai)，我們今晚休憩的地方。

第一堂課：
馱袋打包・人馬合一、彼此信任

9/29 離開堵涅，六點鐘方向，往南再出發。

為了記錄此行，天真師兄準備了 GPS 衛星紀錄器，及溫度計，留下所行經的地域資料。我們所有的行李必須再重整一次，將到昶巴・紅山 (Dhakmar. Hongshan) 才會用到的行李由騾子直接運去，每天行進需用到的則另外與馬隊同行。

行李打包真的是大工程，每個行李都力求等重，以免騾子兩邊重量不平均，發生跌倒狀況；還有堅硬的物品要放在包裹中間，兩邊塞放軟件衣服等，以便減輕騾馬摩擦頂撞不適感；然後套上麻布袋，用手工縫合，以便平穩的綁在馬背上。麻袋縫合、拆線，費時耗工卻不能馬虎，這些都是營地住宿要用的日用品，山上物資取得不易，拆線也不能用剪刀。經過兩個多小時，才搞定所有行李出發。

前往喀村 (Kak；Kagkot)，路程預計需三天，沿途不再有房舍可住，必須開始搭帳篷以大地為床，路途中通常人與馬隊走在前方，騾隊走在後方。我們多數人沒騎過馬，為了安全起見，喇嘛要我們從市區走到郊區後再上馬，這段路約三公里，但已經讓我們走得氣喘吁吁。過了鐵橋看到馬隊，大家興奮地圍上去。

尼瑪喇嘛大喊：「不要站在馬後，危險！」

我們這群年過半百的團員，站在馬旁根本上不了馬，最後

▲ 中：尼瑪喇嘛　左：森給慈善基金會小邊巴

還是得靠喇嘛及馬伕兩人合力才把我們一一撐上馬。

喇嘛叮嚀：「坐在馬上身體要正直不要歪，上坡要向前傾，下坡要向後仰，馬亂跑的時候，記得趕快拉緊韁繩，最重要需彼此信任，人馬合一。」

騎馬是需要訓練的，但是在台灣我們從未有學騎馬的動力，不論到淡水或台中后里馬場都是遙遠的距離，至少心裡的距離就從來沒有起過這樣的念頭。何況我們也沒有訊息知道此行會有騎馬的戲段，所以壓根就沒有準備。

這樣你就可想而知我們看到馬的當下，那種既緊張又怕被傷害的心情。喔！還有一個被激起的記憶，孩童時代喜歡新奇冒險，那種調皮的雀躍，「馬上」年輕 20 歲，那真不是蓋的！

離開堵涅・和文明 say goodbye ！

下多波 (Lower doplo)，從堵涅到喀村 (Kak；Kagkot)。沿途風景優美路面平整，山坡綠樹鬱鬱蔥蔥，小道上不時冒出一兩匹牛羊遊蕩其中或低頭吃草，河川蜿蜒，青山綠水景色像極了瑞士阿爾卑斯山，令人心曠神怡，是最適宜健行的路段。

這裡人文和善，不認識的人見面都會合掌，互相祝福，讓人打從心裡都會發出會心的微笑道一聲：Lama stay ！喇嘛與你同在！這是我個人的解讀，雖然肯定地說，這不是正確的印度文，但是何須追根究柢，聽到的人都會微笑的跟我合掌回禮，猜來八九不離十就是「祝福」，良善的心普天同慶，Lama stay ！

到喀村之前，我們會在兩個露營地，塔廓 (Tarakot) 和慕西廓拉 (Musi Khola) 紮營，周邊有雜貨小舖可以補充咖啡、泡麵、飲食等所需。然而離開堵涅之後就沒

有電、電訊和 WIFI，得和文明 Say goodbye ！閒雲野鶴與大自然為伍，太陽是最準時的鬧鐘，山區天黑得早，傍晚五點多太陽就下山了，七點以後大地一片黑暗；早晨也是一樣，六點以後曙光一現，大地光明。

跟著太陽腳步，日出即起日落而息，高原行山不是件輕鬆的事。三天路程不算短，時速約每小時五公里，保持行進速度，每天短則 6 小時，長則 8 小時。依據路程長短和危險程度，喇嘛幫我們分配騎馬和走路時間。

喇嘛全程走路，而我們騎馬也只是代步，無法馭馬奔馳，所以其實與喇嘛走路速度也差不多。危險路段必須下馬步行，安全第一，為了讓我們保持心臟有力，腿骨靈活，減輕高山症現象，還有不讓馬兒這麼勞累，所以喇嘛安排我們每天至少要走 3 個多小時的路！

老師講的，你聽話了沒？隨師所行、聽話照做

9/29 下午三點多，我們就到了第一個露營區塔廓 (Tarakot)。馬伕認為時間還早，可以繼續前行到下一個營區。

但是尼瑪喇嘛堅持下馬紮營，因為：「上師指示我們在這裡紮營。」喇嘛說：「到喀的路，原本有三條。最好走的路，在去年雨季中已經沖壞了；第二條路比第三條好走；但是如果下雨，我們就沒有選擇，只能走第三條最難行的道路。」

所以這是關鍵時刻和交叉路口的選擇。馬伕不再堅持。喇嘛開始拆麻布袋、搭帳棚，張羅我們的餐點。

我們紮營在河谷上方，美如仙境。清澈的天空，藍白分明；湍急洶湧的水流，轟隆隆作響！茂密的山林、冷冽的空氣，藏不住植物的清香，天然的負離子。四處遊走的馬騾，編織出悅耳的銅鈴聲！噹啷啷，噹啷啷！躺在喇嘛為我們搭好的帳篷，享受大自然美麗的樂章！小邊巴送來奶茶，仁欽為大家煮好了泡麵，吃在口中格外溫暖。每位喇嘛和金剛兄弟的身上，都看到上師身影，無比的溫馨。

捨不得入眠，可是一碰到睡袋，就不省人事了！睡夢中，突然聽到雨聲！「喔！答案出來了！」

這場雨是上山旅程中唯一的一場雨，上師為我們灑淨與祝福的甘露！一切都是最好的安排，上師加持，龍天庇佑。德裕師兄說：

「隨師所行，聽話照做！最難走的路，也是最安全的道路。」

其實，早在我們下馬的當下，上師已經給我們了答案！否則不就任由馬伕帶我們走向第二條好走的道路，對嗎？！然而如果不是這場即時雨，即使是上師指示，我們會毫不抱怨的選擇第三條難走的道路嗎？

「隨師所行，聽話照做」，上師總是為弟子伸出標月指引路，但是弟子們都甘願照做嗎？這是個值得思惟的好問題！

早晨一出帳篷看到泥巴地上有一道溝。德裕師兄說，昨夜的這場雨，奔巴喇嘛一聽到雨聲馬上起身到外面查看，他怕我們的帳篷會浸水，拿起鋤釘把每一個帳篷外的地上挖出一道排水溝，讓雨水引流。一小時後才回來，奔巴喇嘛的手掌磨出大水泡，換來我們一夜好眠。

這趟旅遊，我們就是這麼暖心的被照顧；除了感恩，心中真是覺得……欠很大。

第二個營地 (Musi Khola)．往直貢犛巴、水晶山的分岔點

9/30 離開第一個營地。昨夜的大雨，山澗水漲馬隊無法在山澗穿梭，只能選擇最難走的路，我們必須翻越一座山。出發後，一路的爬坡，太陡的石階路，只能下馬走路；中餐後，是一路的下坡，但也只能下馬走路，因為藏人通常下坡是不騎馬的。

▼兩個營地都有雜貨舖，可補充泡麵咖啡和餐食。

為什麼藏人下坡不騎馬？

因為馬鞍是掛在馬尾巴上，下坡時馬鞍和乘載物重心前移，所有的重量就都落在馬尾上，馬尾巴的基部也會因為不斷拉扯導致破皮流血，很是不忍心，所以藏人下坡是不騎馬的。

今天真是最艱辛的路，走了 5.5 個小時，大部分都在走路。將近 17 公里海拔上升 1500 米，高度約 3400 米。丹木斯 (Diamox) 高山症藥對我們似乎已經起不了作用。德裕師兄拿出珍貴的牛樟芝、油柑粉，讓我們含在嘴巴裡提氣。昂貴的牛樟芝，德裕師兄不吝惜分享給大家。這趟旅程走來，大家互助、包容，師兄弟建立的革命情感，牢不可破。

抵達第二個營地 (Musi Khola) 慕西廓拉，天已經快黑了。

喇嘛說：「營地前雜貨店往東南的方向有條叉路可以到直

貢罕巴村，是傳承八百年歷史遺跡，另一條路通往水晶山。回程的時候，可以請上師帶大家去參訪直貢罕巴村。水晶山這次不會去，但是 2024 年龍年轉山，仁波切一定會回去的，你們可以期待！」

人生有夢最美，2024 年值得期待。但是現在只想睡覺，累了一天，什麼也不想吃只想睡覺。喇嘛說：「不行，高山體力是很重要的。」

匆匆吃碗麵，倒頭就呼呼大睡了。

面對黑暗・克服心的恐懼

記得上師曾跟我們說：「你們如果不怕冷，晚上可以睡在草地上，看看難得一見佈滿星辰的夜空。」如果是夏天，這裡真的有最浪漫的夜景。但是這麼冷的天，以大地為床，會凍成冰棒，不在我的計畫裡。

▲ 太陽能電板帶來很多方便，但是沒有燈的天空才真的是美不勝收。

晚上尿急不得不爬起來，拉開帳棚，伸頭一望不禁倒抽一口冷氣。

「喔！好冷！外頭大概只有 4 度上下，帳棚內外溫度大約相差 3 度左右。」

一片漆黑什麼也看不到，佈滿星辰的天光，卻照不到帳篷外的鞋子，摸摸索索帶上眼鏡，好笑的發現，多此一舉；戴上眼鏡也看不見，眼鏡在此時根本是一無是處。

「啊！這好似在閉黑關！」站在帳棚外，沒有燈，最困難的是:「面對黑暗，克服恐懼！」站在那裡好一會兒，「看著」、「瞪著」眼前的景象……

「看不到，什麼也看不到……」恐懼？！深吸一口氣，問自己：「到底恐懼什麼？」

萬法唯心，相由心生！如果這一關沒通過，往後的行程就難過了！戴起頭燈，小心走！否則摔個狗吃屎，牛屎馬糞可是多得很。未來的日子多的是磨練的機會！

茶馬古道·走出書本的死知識

仁波切在課堂上，不斷問弟子：「你們真的了解『眾生如母』的意思嗎？」大家毫不疑問的點點頭。

10/1 離開第二個營地廓拉 (Musi Khola)，前往喀村 Kak，坡度開始提升，下多波最難走的一段路程，海拔高度已經超過了 3000 公尺，是考驗的開始，腳程變慢時間加長，需要 8~10 小時，中途沒有停留太久，趕路！

沿路土石流造成的災難，留下不可抹滅的傷痕；一會兒是大小碎石堆疊的斑剝路面，一會兒是飛沙漫野，讓人無法呼吸。然而，更震撼的是，艱險峻峭的岩塊層層疊疊矗立在峽谷邊，直聳聳的高度讓人觸目驚心，這才是我們要全力攀登的喜馬拉雅山。

噢！不，這艱鉅的任務，上師知道我們是做不到的！

上師先見之明，對於我們這些

無知的弟子，早已做了萬全準備，這艱困的事，還是留給馬兒菩薩吧！

我們就在這陡峭的岩塊中，被馬兒馱負著不斷往上躍升；馬兒氣喘吁吁奮力的跳躍，我們全神貫注抓緊馬鞍，祈請上師阿企佛母加持。喇嘛們分配走在每一匹馬旁，抓扶著我們的衣服，怕我們在馬兒跳動的時候掉下來！

眼下的一切，讓我突然了解，原來「馬路」真的是馬走出來的道路！

崎嶇的路徑，隱藏在茂密的森林裡，沒有仙人指路，靠的是識途老馬！讓我百思不解的是，馬兒怎能有如此精準的神算，不論鞍上背負的是 50 公斤、還是 80 公斤，馬兒總能在鬆軟沙堆中穩步前進。牠如何能精準的算出「安全係數」？

它們怎麼做到的？是禪定的專注，還是動物本能？！

啊！「任重道遠、路遙知馬力」，不都是對牛馬駝驢的恭維嗎？！如果沒有動物的協助，人類的手腳能扛多重、跑多快、走多遠呢？！可是我們好像從來沒有感恩過眾生的協助與付出，「居功」是不是人類的本能？！

坐在馬背上整理課本上未曾搞懂的死知識，緊鄰河谷的懸崖邊、沒有路的沙堆，馬兒沒有選擇的當下承擔，一次次帶我們跨越「生死線」。我們可真的仔細思惟過「眾生如母」的意涵嗎？

深山幽谷的馬蹄聲，清脆悅耳的銅鈴，眼前浩浩蕩蕩的馬騾隊伍，連接起千古的記憶……

啊！我真的走在滇、藏、印邊境的「茶馬古道」上嗎？「馬幫」、「茶馬互市」的影像浮現眼前！人馬合一，天人合一；「眾生如母」……！

享受孤獨·「聽心」，我與自己同在

山裡的磁場真的很不錯，一花一草都能跟你稱兄道弟；好似許久不見的老友相聚時的溫馨，不須語言，它對你不陌生，你對它很熟悉，這是不是萬物相通的靈性？

就馬兒來說吧！馬兒是很有靈性的動物，對背上的陌生者保持靈敏的覺性，看看我們的鞋，聽聽我們的聲音，有時也會好奇的轉頭，試圖確認這位騎士是誰;山路旁的大樹通常不高，騎者必須低頭避免被刮下來或是被樹枝傷到。在大樹前馬兒會注意、並刻意的放慢腳步，讓我們有準備，如果牠疏忽了，聽到我們被樹葉掃到的刷刷聲，馬兒也會警覺的停下腳步；行經懸崖，有的師兄看到深邃的峽谷會緊張，馬兒也會感受到，有時牠會用頭頂頂我們的鞋尖，表達牠的善解。

就「寵物」二字而言，我覺得馬兒對主人貼心的照顧，是一種發自於良善本能的付出，似乎牠認定牠才是主人，你們才是需要被照顧的寵物！「聽心」，它會告訴你「溝通」其實不一定需要語言。

不論是騎在馬背上或是走在山林裡，不論是與人群對話或是靜心聽騾馬嘶鳴，我好似遺然獨立於人間，天地悠悠唯我獨存！是甚麼樣的感覺？

這是在 KTV 聽不到的聲音；人群熙攘的都市察覺不到的聲音，如夢似幻，一種「孤絕的怡然自得」吧！

你得要親身試試，靜下心來「聽心的旋律」，享受孤獨，會發現其實孑然一身並不可怕。

前非古人、後非來者，蒼穹大地上匍匐禮拜的行者，對天地崇敬、對萬物感恩，那是宇宙本源之愛。

我，與自己同在！

童心未泯的旅程·傻傻地做、做到傻傻

10/1 騎了兩天的馬我們和馬兒已經成為好朋友。喀 Kak 村前有一段河流和沙洲。馬伕放掉韁繩，沙洲上我們快樂的尬馬！玩得不亦樂乎！這根本是趟童心未泯的旅程！因為無知，所以我們大膽的祈請走路上山；因為無知，所以沒意料會給上師、喇嘛帶來這麼多麻煩！

但是，我們也不是無條件的得到這個機會。其實上師也開出難題考驗弟子們的信心：

▲ 前不著村後不著店，喇嘛為我們準備玉米、泡麵、咖啡、奶茶當中餐

1. 為了安全考量，全程搭直升機，由加德滿都直飛昶巴・紅山 (Dhakmar. Hongshan)，喇嘛全程走路。
2. 旅程時間 40 天，九月底至十一月初，中途沒事不得要求離隊。
3. 自負盈虧；如果功課沒做足，任何狀況都怨不得別人。

看似簡單的題目，但仔細想想它已涵蓋了財力、時間、家人、與生命的通通放下。這對許多人來說，確實是一個難題和

▲直貢犛巴前面種了紅藜麥。

考驗。

然而對年過半百的我們（台灣弟子 7 人，新加坡 1 人），最年輕 55 歲，最年長 70 歲，卻不是什麼大問題，因為：

1. 我們對探尋生命樣態的渴望，遠遠大於對生命現象延續的期待。
2. 人生原本就是一場業力與福報的競爭。從小到大、成敗榮枯有哪一項是別人能為你負責的？

所以上師開出的條件，我們都願意傻傻地做，做到傻傻。唯一！為了「圓夢」，圓玄奘大師行腳取經的「絲路之夢」，請上師讓我們「走路上山、實修苦行！」(沒意料到會成就「茶馬古道」之旅，也是一樁驚喜。)

可是偷笑的說，這真是好笑又自不量力的祈請。不同於登山客、不同於健行者，我們完全「不預知、不預設」上喜馬拉雅山的困難，通通交給上師了！

沒想到，上師允准了：「通通走路！」

不知我們的無知祈請是不是誤打正著合了上師之意，但確實是給喇嘛帶來無妄之災。「成全你們走路上山」、「成就喇嘛實修苦行！」

尼瑪喇嘛一臉無辜的說：「明明就是你們騎馬，我們才走路！你們哪有走路上山？」

哈！這真是一言難盡，有苦說不出！

為了照顧我們一路平安，上師安排了 8 匹馬，8 匹騾子，8 個馬伕，還調動里米祖寺的 3 個喇嘛，加上森給慈善基金會的仁欽和小邊巴，及增加了這些人在路上的口糧。打理旅程上一切所需的事，就落在尼瑪喇嘛、和奔巴喇嘛的肩上。

▲ 里米祖寺派出的 3 位喇嘛，協助我們上山。

▶ 你看鳥頭、鳥喙和兩腳，多麼真切的大鵬展翅。

原本喇嘛自己上山，可以直上直下跑山，但是帶了大隊人馬，變成走 S 彎道，路程增加一倍有餘。這是不是無妄之災？

不僅是給尼瑪喇嘛、和奔巴喇嘛的苦行，也是所有被上師

點名出來協助者的功課！

　　上師和喇嘛總是，無條件、無言的承擔弟子們無知之過。我們就這樣，傻傻地隨師所行、傻傻地做師所喜、傻傻地聽話照做、傻傻地滿載而歸！

上師威德力．喀村換馬再上紅山

10/2 從堵涅 (Dunai) 到喀 (Kak)，走了三天，馬兒看到家的時候，幾乎是喜悅的奔跑起來。沛鏵師兄嚇得哇哇叫，另一群老頑童卻哄鬧著催馬快一點。

尼瑪喇嘛可沒忘，我們只會坐馬，不會騎馬，追在後面緊張地叫：

「慢點、慢點，馬跑起來危險！」

喇嘛急壞了！我們快樂的尬馬，你猜時速多少？ 20 公里左右！只比木馬快一點。

卸下鞍轡，馬兒累得倒在地上翻滾，摩搓背部；我們也不遑多讓，個個累倒在帳篷裡，腰痠腿疼，四平八穩的動彈不得；「人仰馬翻」，真是絕妙傳神的表達了現下大家狼狽的模樣。馬兒真的很累，需要休息了。

尼瑪喇嘛說：「我們在這裡換馬，上師安排了巴弄雅列的馬隊，下山來接我們，然後才能再度啟程上紅山！」

我和天真師兄面面相覷，做了個鬼臉，驚訝的說不出話。

「哇！這是趟什麼豪華之旅啊！」聽起來好像很自然，很輕鬆。常旅遊的人都知道，很少有旅遊團會提出長途騎馬旅行的行程，租馬費用有的是按景點數目收費、有的是按小時收費，而且都是短程或當天往返；如果是長程或自由行，開出來的費用，更是天價，貴鬆鬆。

▲ 照片裡的千辛萬苦，都不能表達上師弘法度眾的難行能行。

像我們這種行程，在山上連續走很多天，從早到晚不停的趕路，翻山越嶺好像行軍。這樣馬兒很容易受傷，馬主人都會捨不得。如果不是阿里上師的威德力，鄉民哪裡願意主動提供馬匹？想到這裡，就更覺得感恩上師和喇嘛，每個細節都銜接到完美，細心安排到鉅細靡遺，完全不讓我們有一絲恐慌。

光是從這些配合度上，就可以看出上師在鄉民心中的份

◀ 人仰馬翻的寫照

量。好在是跟著上師，否則有錢也難租到「一個馬隊」，何況中途還要再換一批馬，更是難上加難，可能排隊等直升機還容易些。

原本預計要在喀村停留休息一天，沒想到巴弄的馬隊也到了。

尼瑪喇嘛說：「明天就出發。」我們喜悅地拍手，迫不及待地想見到上師；喇嘛更高興，笑得合不攏嘴！迫不及待把我們送還給上師，這趟保鑣實在太辛苦了！

生死交關、龍天護祐·死地後生、心的釋放

如果不是經過置於死地而後生的生死交關，又如何感受「心的釋放」脫胎換骨？

10/2 離開喀往夏利 (Sheri) 的路程，風景地貌與下多波大不相同；超過 4000 公尺，一般植被都不耐寒，光禿的岩壁取代綠草如茵的山坡；陡升的高度，驚險路段愈來愈多，馬兒背負我們跳升也越來越辛苦，走走停停真是十分不忍，小腿背碰觸到馬兒的心臟，感受到牠奔動的脈搏；眼淚不停的掉下來，

配合馬兒步伐，我念誦「唵・阿・吽」，為牠打氣祝福。

在一個怪石疊立的路段，我們停步依序等待前行。馬兒的跳躍是用前雙腿力量，重心踩地，然後帶動全身上移。輪到我的時候，馬兒在一次跳升中，突然前肢無力跪了下來，我上半身整個前傾，撲倒抱在馬脖子上。

當下，一個念頭湧上來……「啊！馬兒你受傷了嗎？」

一瞬間，馬兒彈升起來，奮力躍上石階。

驚險的畫面，大家都不禁驚叫出聲！

尼瑪喇嘛立即跑過來，關心的問：「你受傷了嗎？」

「沒有！我擔心馬兒受傷了，所以叫了出來。」

咦？對呀！喇嘛一句話點醒我回到現實……「我為什麼沒有怕會翻落山谷？反而是怕馬兒受傷了？」剎那間我明瞭了，因為「心無罣礙」，所以「無有恐怖」！在我們離台的時候，已經把生命兩字留在飛機上了。

德裕師兄興奮的說：「我有拍攝到這張精彩的影像！」

打開一看，啊！竟然是空白畫面！好不容易抓到難得的千鈞一髮，竟然是空白的？數位相機怎麼會有空白畫面？奇耶！

在山上，我們遇到一些未曾經歷的事情，也看到一些故事中才有的瑞相。不論是諸佛菩薩的試煉，或是龍天護祐，都是上師的加持！

心香一瓣，感恩上師諸佛菩薩！

▲ 看到阿企佛母的藍色寶馬嗎？感恩空行聖眾一路相隨。

夏利 (Sheri) 追日・
太陽威德力、等施無差別

10/2 傍晚我們抵達夏利 (Sheri)，借宿在學校，高度是 4044 公尺。

上多波，溫度急速下降，我們穿上最保暖的衣服，依然覺得寒風刺骨，沒有陽光的地方，溫差特別大。相對於台灣不缺少日照，這裡的人們尋找陽光，珍惜白日，享受溫度！太陽是寒地最大的渴望！

太陽照耀大地，不因「富貴貧賤」而有差別，不因「罪福善惡」而有差別，六道無差，等施無別，是太陽的威德力。在西藏，我聽到一段話：

> 我們西藏人喜歡拜佛，但是我們拜的不是玻璃框裡的佛。
>
> 能為國家、民族付出最大貢獻的人，就是我們心中的佛；能為人類、宇宙（眾生）創造最大利益的人，就是佛。
>
> 松贊干布以後，我們將家裡最有智慧的孩子送到寺廟，僧才培育，為的是學習為眾生服務。
>
> 具有佛威德力的出家人，我們尊稱為「喇嘛」！

鏗鏘有力的一段話，很令人感動，不同於一般的思惟，西藏人對「佛」、「修行」、「出家」，有很務實的註解！

不在相框裡，不在法本裡，不在鈴杵裡，不在廟堂裡；不在台灣，不在印度，不在新加坡，不在尼泊爾；無私的付出，平等的對待，廣大如虛空，清淨無差別；心內沒有我，成就威德力！

上師是佛，展現在威德力裡！

因為有你，這次旅遊才這麼快樂！

我們自嘲是一個老、殘、胖部隊，一點也不誇張。末學六月到西藏旅遊，一入拉薩就吊點滴，3650 公尺高原反應現象，頭暈、嘔吐；七十歲的紫雲師兄足底肌膜炎，痛起來，一次要吃兩三顆止痛藥；智慧師兄前幾年一場大車禍，「瀕死經驗」

她可以講給你聽，復原後膝蓋關節無力，至今鋼板也還沒拿掉，常常不自覺的就自動下跪；美蓮師兄大腿開過刀傷痕既長又深，髖骨無力；還有幾位胖師兄，一路跟馬兒道歉：太胖了要減肥；加上平均年齡都超過 55 歲，這算不算是老殘胖部隊？

八風並非吹不動，只因順境不起風！體力不足的時候，狀況就來了……喊累的、賴皮的、不下馬的、心情不爽跟自己賭氣。反正千奇百怪的狀態，都是自己跟自己過不去的理由。爬山真是苦差事，是誰要你來的呢？

這時就看到喇嘛修無生忍的功夫，視若不見；還有馬伕修忍辱的功力也不簡單，眼看著馬兒過勞，也沒在半途把我們給放鴿子。因為：「上師交辦，使命必達。」

我們讚嘆喇嘛，沒想到尼瑪喇嘛也讚嘆我們：「你們這幾個也不簡單，和樂相處，沒有互相看不順眼的、沒有互相不講話的、沒有互相找碴的、沒有嫌東嫌西不吃飯的……。」

我們哈哈大笑，這也算標準？真是要檢討了，慚愧！所以，雖然是老殘胖部隊，我們還是要互相讚嘆一下：「因為有你，才能讓這次旅遊這麼快樂！」

穿越沒有落腳處的沙坡·阿企度母化現

10/3 行進間我聽到遠處的山谷裡，傳來陣陣的海螺和號角法器吹鳴聲音。我興奮地問尼瑪喇嘛：「快到紅山寺了嗎？」喇嘛說，「還有半天時間。」「可是我聽到海螺和號角吹鳴聲。這附近有寺廟嗎？」

喇嘛說，「沒有啊！我沒聽到，這附近沒有寺廟。」難道是我頭昏了嗎？

每天 6~8 小時行進 20 多公里，一個接著一個陡坡，一半時間走路、一半時間騎馬，大家都累得筋疲力盡，快到紅山寺了，翻越這座山約莫是在 5000 公尺高山中行進，高反現象越來越明顯，血氧不足、暈眩想吐的感覺，五天操兵，身體逐漸吃不消，腳已經開始不聽使喚了。前面又是一個鬆動的沙坡，沙坡的邊緣幾乎沒有落腳處。恐怖的是這是幾多公尺的高山啊？！怎麼走？前後各一個喇嘛拉著我們的手，亦步亦趨，拖著走。坡面上的沙還在往下流，下面就是深谷。

尼瑪喇嘛大叫著說：「不要往下看，面對著山走。」

必須全神貫注，然而高原反應讓我們眼花耳懵；腳軟踏不住滑動的沙，短短幾公尺都舉步維艱。我低頭尋找落腳處，不知該放在哪裡，踩下去的當下，突然看到一隻鞋，倏地伸出來，墊在我的鞋底下，撐住我的重量，讓我不致滑下去。沒有路，我幾乎是踩在某個喇嘛的腳背上走過去的。

▲ 一路上都是這樣的岩壁、沙坡，「馬路」都不見了。

喉頭哽住了，激動的說不出話。哪位喇嘛？我頭昏腦脹不知道，是阿企佛母運我過去的！

生死的邊緣中，佛性光輝嶄露無遺！喇嘛個個都得到上師的真傳。

上師關房、最後一哩路・抵達曼荼羅

下午七點多，我們終於抵達昶巴・紅山寺 (Dhakmar. Hongshan Gompa)。悟智喇嘛早在廟前廣場等我們，眼淚不自覺落下，終於到家了！昏暗的寺廟，沒有看到上師，有點失望。

悟智喇嘛說：「上師還在關房，明天等你們上去吃早餐，然後接他出關。」

回到家的感覺真好，悟智喇嘛請人送來甜茶咖啡，全身疲

憊一掃而空。寺廟的義工菩薩真是不少，這麼大的寺院真是需要人手。後來才知道，原來有的是新年假期回山的孩子，有幾個是即將出家，與上師下山去佛學院的阿尼，這批生力軍親切的就像家人。

悟智喇嘛帶我們去房間放行李。新蓋的寮房，牆壁地板的夯土都還未全乾。喇嘛說：「這是仁波切去年上山才指示要蓋的，扣除雨季、和雪期，全面趕工，這兩天才施工完成！所以有些濕土。」

哈！我們又來為新房開幕了。悟智喇嘛、千貝喇嘛，這一年來真是辛苦你們了！

所謂房間，實際上是仁波切為無依老人，安心修持養老而蓋的養老院；還有村民閉八關齋戒之用。上師無時無處不盡其所能為想修行的人做好安排，只希望弟子們能無後顧之憂好好修行。

10/4 一大早就迫不及待起床，昨晚太暗，什麼也看不清楚。上師還在閉關房，今天我們要爬上閉關房和仁波切吃早餐。

哇！這間寺廟不是只用宏偉莊嚴可以形容。不要說從堵涅一路走來沒看到一間像紅山寺這麼大的寺廟，在中國、在台灣也鮮少如此規模、如此氣勢恢弘的佛剎，從大殿到最高的關房縱高一丈以上，尤其建在 4000~5000 公尺的高山，全世界也可說屈指可數，心中激動無可言喻。

看得我頭昏眼花，閉關房還在後面這麼高的山上！喔，走到仁波切的關房至少還要走八百米的距離，海拔爬升已經超過我體能的負荷，陡斜的山坡還沒開始爬，我已經眼冒金星了。

▲ 雪地裡的閉關房，最高的還在更上面，中間四間的第一間即仁波切房。

▲2018 閉關房前，仁波切指導四位瑜珈士修那洛六法的拙火

▲ 關房前，右邊第一位是瑜珈士、紫雲、倉巴仁欽、紅山寺住持、悟智喇嘛。

這頓早餐得來真不容易，我們大概花了將近一個小時才「爬」到關房。

原本想要祈請在關房住幾天的念頭立馬打消。閉關真不容易，要揹好多物資，吃的、喝的、鋪的、蓋的，陡峭的高度，狹窄的小徑，馬兒上不來，全部都要靠人力揹上去！！「不要再為自己的無知，給喇嘛找工作了！」可想見，建設這十三間閉關房，多麼的艱困不容易，讚嘆大家願心偉大。

看到上師大家都高興的掉下眼淚，不是因為路程的艱辛，而是感恩，感恩上師為眾生做的一切！從塔廓 (Tarakot) 走入曼荼羅，奇葩異卉、一花一葉無不是上師願力的呈現；名山寶剎、金鼎關房無不是淬勵眾生的法本。

六天後我們終於到達壇城中心，昶巴．紅山寺！

出關・與阿里仁波切行腳

乘願再來・一片清心入世行

「輪迴轉世」，是我們每個人逃不了的業力牽引，然而「乘願再來」，是大修行者他清楚知道自始的發願與使命。

1992 年，11 歲的森給滇真 (阿里) 仁波切主動跟父母要求出家，去印度接續上輩子弘法利生的佛行事業。

當年底，大雪紛飛中告別父母，翻山越嶺經過五天的步行和二天三夜的車程，來到了印度強久林寺・金剛菩提寺 (強久林佛學院)。

直貢澈贊法王親自公開認證森給滇真仁波切正是聖者森給益西 (Tuptop Singe Yeshe) 的轉世，並為他落髮出家！

不一樣的生命，不一樣的格局，肩負子民的期盼，阿里仁波切 6 年間完成白教大手印、那洛六法等殊勝傳承法要，領受當世各大成就者口傳、灌頂及完成直貢傳承三年三個月閉關實修。

2000 龍年，19 歲森給滇真 (阿里) 仁波切離開佛學院，入世弘法。

那年，正是智陀森給益西 (Tuptop Singe Yeshe) 認證水晶山的轉山殊勝年。

▲2018 年空拍俯瞰

2012 擬定昶巴・紅山寺及十三間閉關房設計藍圖。

2014 動工啟建；三位瑜伽士至強久林佛學院進修三年，成為種子教師。

2018 完工，阿里仁波切親自上山指導三位瑜伽士閉關實修那洛六法

2019 興建四間老人安養房，10 月閉關圓滿、出關。

▲ 乃至有虛空，以及眾生住，願吾住世間，盡除眾生苦！

多波計畫建設故事・水晶山轉世緣起

水晶山，是此世阿里仁波切乘願再來的殊勝緣起。昶巴・紅山寺的建設，要從 2012 年阿里仁波切回返水晶山開始說起。

水晶山有個美麗的故事，她是釋迦牟尼佛顯現勝樂金剛身像降伏大自在天王 (大梵天) 的聖地。

八百年前的某一個龍年，直貢噶舉大成就者森給益西 (Tuptop Singe Yeshe) 與祖師吉天頌恭 (Lord Jigten Sumgon) 同時在水晶山見到了勝樂金剛壇城；於是聖者在此修建開光寺（郭莫切寺），終身在此修行、弘法至圓寂，開光寺還保存了聖者的骨灰舍利塔。

教祖吉天頌恭預言指示：

> 心子森給益西與岡底斯聖山、尼泊爾邊境里米地區、以及多波水晶山有非常殊勝的法緣，將來一定會在此廣度利益一切眾生。

因此森給益西遵從師命在這三個聖山行腳，護持傳統廣傳法教，將龍年設為水晶山的轉山殊勝年，並且生生世世守護誓言，與這塊寶地結下不解之緣。在西藏、尼泊爾每 12 年一輪的「龍年轉水晶山」是一個盛大的節慶，四大教派弟子及藏地居民都會來此轉山繞佛。2012，森給滇真仁波切帶領弟子回到多波開光寺（郭莫切寺）轉山。

轉山後，巴弄五個村落派出的瑜珈士突然來訪，他們悲切

▲2018 閉關房上方的山頂上，喇嘛掛上新的天馬旗，佛光普照，法輪再轉。

的向阿里上師訴說：「巴弄地處偏遠，已近百年未曾有過大成就者駐錫。雖然寺廟已頹圮，但村民誠心以此佛剎供養上師，衷心祈盼著祖古蒞臨，重修古剎，為昶巴・紅山 (Dhakmar. Hongshan) 加持祝福。」

巴弄與水晶山都屬多波地區，但是中間分隔了幾座山，山勢陡峭而且路面鬆軟多為破損沙丘，因此路程非常艱困。仁波切為其至誠而感動，於是前往巴弄關懷。

巴弄，以喜馬拉雅山為界，緊鄰中國西藏 (後藏阿里

▲ 俯瞰十三間閉關房，右邊樹下有一些人，是 2018 仁波切閉關前修法。

Ngari)，平均海拔約 4200m 以上，全年一半時間積雪難行，三個月雨季幾乎無法農作。居民上千人只能以放牧與採集冬蟲夏草為生；由於生活不易，人心憂苦、酗酒打架、自私荒逸，女人則扛負起生活及農務大半工作。還有「那個」村民說要供養上師的寺廟，不但頹圮無法運作，還真是小到比台灣路旁的土地公廟還小。

阿里仁波切實在不忍見此悲苦，對村民供養的寺廟一點也不嫌棄。不論怎樣，「那個」小廟，在居民心中終究是能夠讓人安心依靠的精神力量。意誠心正就是最好的初緣心。重振佛法旗幟，讓法輪再轉，必須建設昶巴紅山寺！

心の建設，弘法利生・
行者在「付出中」淬鍊人性

行者的「付出」，讓鄉民在感恩中修正種種惡習，「心の建設」才是真正莊嚴淨土！

鄉裡的長者跟我們分享這幾年來巴弄的變化，感恩仁波切和喇嘛的無私付出，他說：「剛開始鄉民都不相信真的會有人不求回報的想幫助我們，因此做出許多荒誕的事。拿到了錢去

▲ 紅山寺的建設無一不是人力，愚公移山在此不是神話。

喝酒，喝醉了不上工。後來喇嘛來了親自動手，帶著我們一起工作，幫我們蓋寺廟，才知道自己以前自私、貪婪、欺騙、錯很大，真的很慚愧。」

回想5年來辛苦的建設，喇嘛跟我們說：「剛來的前兩年，鄉里的男人酗酒懶散、貪、騙，猜疑，拿錢不動工；辛辛苦苦

▲板材、佛龕從Kak、濱町等地裁好運來，青銅佛像從加德滿都搬運來。

搬上來的木頭，被木工拿回家去當材燒，自私自利，尼瑪喇嘛還生氣地打了木工一掌，要他懺悔。

之後，又遇到土石流推垮了新建的閉關房。還有的閉關房因為蓋得太靠近山邊，仁波切說：「危險，拆了重蓋。經過幾次耗損，仁波切最後沒辦法只好要求我們長期輪流駐守在昶

▲ 昶巴紅山寺建設成就

▲ 婦女付出不讓鬚眉

巴・紅山，帶著鄉民一起工作，才有現在的成果。」

聽到建設中的故事，不僅鄉民動容，我們也流下心酸的眼淚。

昶巴・紅山寺真的可以說是血淚建設史，5000 公尺高山沒有大樹，所有木材都來自喀 Kak、濱町 Pimre 等 3000 公尺的山域。沒有電力、沒有電鋸，整座石頭山沒有挖土機、沒有炸藥、沒有幫浦，開山鑿壁造路，全靠喇嘛與村民的雙手、槌子、鐵耙，一槌一鋤建設，「愚公移山」在這裡不是故事。

脫下衣服，硬漢背上肩膀的厚繭和膿包，是修密勒日巴的苦行嗎？！

女人的工作能力也不遑多讓，紅山寺周邊的搬運，石塊、木材、敲地、蓋屋頂，婦女們一點不讓鬚眉，讓人讚嘆。上百公斤的青銅佛像來自加德滿都，都得靠人力輪流搬運上山。

喇嘛說，整個山區找不到一尊大的青銅佛像，村民第一次看到青銅佛像那種喜悅的神情，讓人難忘。這是仁波切送給村民的獎勵，村民們當然要為自己的努力鼓掌。

硬體建設的同時，仁波切也積極教化人心、導正風氣，強迫鄉民戒酒、戒肉、放生、護生；原本各村落間相互敵對，冬蟲夏草殺價競爭帶來的仇怨，利益誘因、強權惡勢，真正勞苦工作者的弱勢族群卻難以生存；還有不實交易，欺騙技倆，林林總總因素導致民生蕭條。風氣敗壞不外乎人心，仁波切將四個村落的有為青年合組起來成立防衛隊，確保整個巴弄區域交易公平與商旅安全，消弭了各村落間冬蟲夏草殺價競爭，不但提升民生經濟，同時也化解了各村落間的敵對。

▲ 用雙手打造昶巴紅山寺，用心建設極樂淨土。

另外，老人生存也是讓仁波切慮心的問題，常有老人向上師哭訴年輕人離鄉謀生，留下孤老無人照管。因此，2019 年仁波切又將紅山寺規劃出四間寮房為安老修持場所。

巴弄建設能順利完成，仁波切身邊 4 位近侍；奔巴喇嘛、千貝喇嘛、悟智喇嘛、尼瑪喇嘛功不可沒。寺廟裡的內部裝潢，

▲ 千貝喇嘛

▲ 悟智喇嘛

▲ 剷雪闢路

佛龕、及多瑪都是 4 位喇嘛自己鋸木、釘製、然後描圖、彩繪一筆一筆畫出來的。

　　昶巴・紅山寺在大眾團結一致的努力中看到輝煌成果。

　　鄉民們真正感受到：

▲ 尼瑪喇嘛

▲ 奔巴喇嘛

快樂，來自於付出後的收成！
弘法利生，行者用自己的身語意教化眾生；
人心建設，是真正的「嚴土熟生」！

▲用槌子、鐵耙開山鑿壁造路。

▲ 昶巴紅山寺建設前與建設後山貌比對

瑜珈士是真佛子・紅塵刹土演菩提行

10/5 迎接仁波切出關是我們此行主要目的；上師等我們到紅山的第二天，隨即展開出關法會。

噶舉傳承三年三個月閉關是非常嚴謹的訓練，阿里仁波切在 16 歲時即已完成此項實修功課。去年紅山寺開光啟用後，上師等人隨即閉關。為指導紅山寺住持、及瑜珈士等人實修那洛六法，阿里仁波切與弟子同步閉關修拙火定為期一年。大雪紛飛中光著身體、忍飢耐寒。

為解眾生苦！菩薩願力，凡人望塵莫及！

巴弄已經好久沒有這麼熱鬧了，對行者而言，寂靜是閉關最好的修行環境，這一年來除了日常課誦，還有老人每天安坐轉經輪外，紅山寺幾乎沒有大型活動。

大眾期待上師出關，除了三位瑜珈士精進修行令人讚嘆外，去年巴弄收成特別好，冬蟲夏草採集量比往年多，而且冬天冰害造成的牲畜減損數也比別的區域少很多，這一連串的好事連連，怎麼會是偶然？「如果不是仁波切安忍辦道，諸佛菩薩加持，怎麼會有這麼多幸運降臨！」

大眾感恩上師，一切豐足生活美好，歸功於上師。上師將眾生的虔誠轉化成多瑪，感恩空行護法摒除災障，將所有閉關功德圓滿成就供養上師諸佛菩薩、迴向法界。出關法會由阿企佛母竹千除障法會揭開序幕。前三天修阿企護法，最後一天修上師薈供及放生。

護法，護持行者遠離一切障礙，於菩提道上不受動搖，佛法所在之處就有護法。蓮花生大師說，護法有兩種：第一種是出世間的護法，是佛菩薩的化身，雖然從外相看起來很兇猛，但都是佛菩薩的智慧幻化，為了度化眾生而慈悲示現。第二種，則是世間的鬼神，被大修行人以神通降伏後，發誓並承諾日後會保護佛法、保護修行人。

阿企佛母是屬於第一種，祂是觀世音菩薩的化身，也是金剛亥母的化身。祂誓願護持行者的菩提心堅定不移，斷惡修善得大智慧，直至證佛果。

在藏語裡「阿企就是曾祖母」，阿企佛母正是教主吉天頌恭的曾祖母，所以直貢噶舉的不共護法是「阿嬤觀音」。

還記得小時候牽著阿嬤的手嗎！那是多麼幸福的事，要糖有糖，從來沒被阿嬤修理過，是不是感覺阿嬤的脾氣就是比媽媽好！

說到阿企佛母，真是比仙女下凡的故事還精彩。觀音度母在慈悲願力和因緣俱足的情況下，化身為人、乘願而

來。一出生就會說話，持誦度母心咒，非常美麗且法力無邊，具有第三眼可以觀照過去、現在、未來三時。長大後，她預知與一位具緣的瑜珈士結婚，她的子孫將能弘揚佛法、利益無量眾生。因此千里迢迢走到遠方嫁給這位瑜珈士，生下四個孩子都成為非常具格的上師。她的曾孫，怙主吉天頌恭是龍樹菩薩的化身，應驗了阿企佛母的預言。當阿嬤覺得自己的護法事業即將完成時，不但為自己寫下「阿企護法儀軌」，並誓言未來只要是認真如實修持佛法，護持佛陀家業的行者，她都會在身邊加持，讓行者一切吉祥圓滿。所以阿企佛母也是佛教，不分教派的大護法。現在廣傳的「阿企法本」正是教主吉天頌恭所撰的祈請文，內容意義就是我們做圓滿的供養，願阿企淨除我們一切的不如意與不圓滿，包括壽命圓滿、福報圓滿、健康圓滿、人緣圓滿，一切無不圓滿。

出關法會在感恩的氛圍中進行！這是一個盛大法宴，巴弄地區藏人為多，熱情友善、開朗歡樂。鞏巴 (Gompa) 裡擠滿了人，附近村民都來接受上師加持灌頂祝福。

喇嘛和瑜珈士也為數不少，兩排法座上坐滿了四眾佛子。

洪亮整齊的唱誦吸引我的注意，沒有窗戶的寺廟顯得昏暗，太陽能發電微弱的光源也阻擋不了我的好奇，這麼多年輕的生力軍，我盯著他們看……

「啊！原來這些行者都是幫我們拉馬的馬伕！」

內心的震撼非同小可，他們一路來對我們的細心照顧，不亞於喇嘛；尤其我們對馬兒幾乎近於過分的依賴，馬伕的包容一直是我感到愧疚和感激的地方。

喇嘛說：「他們都是建設紅山寺的功臣，將經典實際運用於生活上。」

啊！原來他們都是上師的弟子，都是瑜珈士，是真佛子行！

一塵中有塵數剎，一一剎有難思佛，

一一佛處眾會中，我見恒演菩提行！

昶巴紅山塵塵剎土，映眼皆是諸佛菩薩！

關房訪客・游牧老人與直貢小喇嘛

穿梭在寂靜的山林，雖然往來無人煙，但總覺得有人在窺伺我們。事實上也沒錯，因為村落山寨都建在山頂上易守難攻的地方，居高臨下隨時監探山下往來動靜。浩浩蕩蕩的騾馬隊伍，一身裝扮，一看就是外鄉人，穿行在山間林地早已引起報馬仔注意。隨行的喇嘛透漏了風聲，阿里仁波切即將出關下山的訊息傳遍了多波，有些游牧在外的鄉民因此折返家園，各方的鄉民紛紛向昶巴紅山寺湧進。

除了法會和接見重要訪客之外，上師總會撥出時間叫我們去關房坐，跟我們聊聊家常話。有時剛好碰到一些有趣的信眾，仁波切就會告訴我們，這些訪客的故事。

10/6 今天我們聚在關房和上師聊天，一位頗有年歲的游牧者來到關房，一進門就有股很重的味道，我們屏氣靜觀。

長者先拿出一包封在羊皮裡的自製乳酪呈給上師，然後從袋子中層層翻找，終於從塑膠袋中取出一條哈

達、兩株冬蟲夏草、還有一百元敬獻上師。臉上露出靦腆又滿足的微笑，他說：

「上師曾經幫助過他和哥哥，所以非常感恩。他在山上放牧，走了三天路回家，製做乳酪，一定要趕在上師離開前呈上心意。」

喔！原來長者是來報恩的！

看他的衣著、凌亂的頭髮、長期在外放牧的氣味，生活的艱難可想而知。兩株冬蟲夏草的價值足以支應老人好幾個月的生活所需，卻耿耿於懷感恩、報恩！

有些智慧真不是書上教的，發自內心的真誠、念恩報恩的意願，都是源自於本性的善良。除了感動外，深深向老人的智慧致敬！

今天還有一批年輕小夥子，也是讓上師喜悅的。他們舉止儒雅，態度恭敬，仁波切看到他們很是高興，笑得合不攏嘴說：「這些孩子之前都是小喇嘛，2008 年我從多波帶出來的孩子，佛學院畢業後還俗回鄉，日後都是我的種子部隊。」

？？我們不解，疑惑的看著上師！

仁波切說：「台灣是福報很大的地方，佛法盛行，學佛很容易。而且教育素質高，四書五經都能了解做人的基本道理。但是尼泊爾不同，每個家庭都貧苦，讀書尚且不易，何況學佛？所以帶孩子們下山讀佛學院，也有個目的就是受教育。不一定要出家，小喇嘛還俗回鄉把佛法用在生活上，教育村民孝養父母，提升社會品質也是很好的，只要能做到拔苦予樂就是發菩提心。所以未來他們都是我的菩提種子部隊！」

仁波切從不侷限在僵固的思惟裡，處事通達就能圓融無礙！在家居士能在社會上能推動善的力量，為眾生灑下菩提種子，不也是一種修行模式嗎？！菩薩大多現在家相哩！

這些還俗的弟子來自於直貢村，村內有一間八百年歷史寺廟，是直貢噶舉傳承古蹟，教主吉天頌恭的弟子所建築，所以大家都稱之為直貢鞏巴。

年輕人祈請上師：「下山時能彎道直貢鞏巴，給家人祝福。

前幾年聳巴被盜，佛像裡的珠寶遺失不說，祖師百年的心血裝藏也不翼而飛，大家心裡都不安。指責別人或自悔未盡保護之力已無濟於事，但請祖古能回去修法，讓大眾有懺悔的機會，以求心安。」

仁波切同意了，祖師爺時期留下的珍寶，應該帶台灣弟子們去直貢村參拜，不論是否能喚起古老的記憶，但是遙思祭祖仍是弟子們不可或忘的感恩。

有錢也買不到・紅山蛋餅、上師の愛

10/7 一顆雞蛋，堵涅賣 30 元盧比，運到喀賣 80 元，因為運送成本高，蛋容易破，要全心呵護，手捧著，不能騎馬，要走路上山。

到喀以上，太冷了，雞存活不了；所以巴弄沒有雞，所以再多的錢也買不到雞蛋。除此外，所有的青菜都沒有；高麗菜，沒有；玉米，沒有；蘿蔔，沒有。能選擇的食物就是馬鈴薯、豆子湯，千篇一律。幸運的，唯一還有一種綠色青菜就是芥菜，

▲ 我們窩在仁波切的關房裡吃飯，上師雖不在，也難掩阿里家族的幸福！

俗稱「長年菜」，連餃子、包子都是芥菜餡。

現在才知道為什麼阿嬤說：「過年要吃長年菜。」原來是因為芥菜長命百歲，連5000公尺高山還能生存，難怪有「長年菜」的美譽！

「都不愛吃？」沒辦法了，那就和喇嘛一樣吧！吃辣椒配飯！尼瑪喇嘛為我們吃飯的事頭疼的很，每餐都鼓勵我們多吃一點；吃完中飯還要問我們：「晚餐想吃甚麼？」

問題是！！！就只有這些啊！……

我們常常逗喇嘛開心，要吃：「蛋炒飯、炒一盤高麗菜，煮玉米濃湯！」

看喇嘛尷尬的說：「都沒有。」是吧！巧婦難為無米之炊！哈！尋開心而已。

當我第一次看到鄉民吃飯，一手拿著盤子一手快速捏出一團團飯放入口中，那種心滿意足的神色，真是好奇盤子裡裝的紅通通油亮亮的是甚麼「美味」？

後來才知道，這個我「感覺一定不錯吃」的東西，原來是辣椒拌飯！「美味」真的不在食物裡，是心的滿足。

山上的快樂是不用找方法的，吃甚麼都不重要。

早上仁波切跟我們說：「明天早餐給你們吃蛋餅。有人供養雞蛋。」

蛋餅？真的嗎？夢寐難求。

不可能吧！應該是熟的水煮蛋吧！從喀到巴弄這麼難走的路怎麼可能帶得了生雞蛋？水煮蛋又怎麼可能做蛋餅？既期待又怕夢幻泡影，紅山蛋餅！

沒想到，真的是有心人捧著一盒生雞蛋上山供養仁波切！

「真是不可思議！然後呢？」

「然後！！上師分給我們八個人，一餐就把它吃光了！」

仁波切把我們都當孩子般照顧，什麼好東西都先想到這些沒吃過苦的台灣老囝仔。阿彌陀佛，善哉善哉！！山上一顆蛋的價值不是用錢計算的。這讓我想到，常有人跟我說：「供養上師哀鳳、手錶、眼鏡都沒看到仁波切在用。」

老實跟你說，上師の愛從不會獨享，他幫你加持之後，又轉送給他認為更需要的人了。你看，你送給上師的NIKE上衣，穿在 Kak 住持的身上，不是挺有風的嗎？！上師幫你廣結善緣哩！

紅山蛋餅，上師の愛！感恩你送來的雞蛋，讓我們八個人畢生難忘。

對牲畜感恩・放生開啟珍貴的自性大悲

10/8 昶巴・紅山寺最後一場法會，早上上師薈供，下午放生。

放生犛牛 51 隻 (母子對有 20 組)，羊兒無數隻。在這樣貧窮地方，還有這麼多人願意做這麼大的佈施，真是令人讚嘆。

高山民眾對犛牛是很有感情的，因為牠渾身都是價值。除了農作耕種外，牛奶是日常飲料、製造出來的酥油、奶酪、起司都是高營養食品；犛牛的皮可以做成衣服、圍巾、被子；牠

的毛編織出來的帳篷厚實保暖且防雨、擋雪；最後，氂牛肉還可以供給人們食用，所以在當地是很有價值的牲畜。

更讓人驚喜的是，原本十萬元一隻的氂牛，飼主願意以七萬元賣給我們放生。上萬元的財施，對富裕的人尚且不易，何況窮苦人家？！尤其殺生祭祀在尼泊爾仍為風俗。尼泊爾以牲畜和鮮血祭拜神明，加迪麥節 (Gadimai) 這個行之已久的惡習很難改變，到現在依然有許多地方還持續這樣的習俗，實在不能讓人理解。

「放生」，這真的是人心很大的轉變！在台灣曾經也有賽豬公的活動，但現在已被佛教團體影響，鮮少再用宰殺牛羊方式祭祀，取而代之發放油米濟助貧苦，長久以來被拖累的「神明旨意」終於得到平反。

阿里仁波切從 2000 年回到故里，就諄諄善誘不殺生、放生、護生，培養慈悲心，要求鄉民持守酒戒，導正生活習慣，「以戒律供養上師」。

這麼多年來救貧濟苦，仁波切無私的付出，一點也不吝惜，然而自己卻節衣縮食，連帶跟著他的喇嘛也必須耐得住磨練。不殺生，從吃素開始，山上蔬菜欠缺，可食種類屈指可數。

即使如此，上師及喇嘛們寧可吃辣椒配飯，也不食肉。我們團隊都是素食，上山也不例外，只是沒有像喇嘛吃辣椒配飯地步，有芥菜、馬鈴薯還是有的！

鄉民眼前就是一尊觀音度母，有求必應，哪還需要殺生拜祭神明。上多波地區殺生拜神的惡習已然消失，人心教化的成果有目共睹。去年上師閉關前，九成信眾已承諾戒酒；沒有成功的，今年仁波切打算帶他們下山，「斷捨」酒三個月，全面禁酒是阿里上師的願望。

我們行經幾個村落，不時的有人把牛、羊供養上師，請求上師加持祝福後放生。看到這些場面，你會喜極而泣，阿里仁波切的教化對當地已經產生莫大的影響。不僅是一個生命的獲救，仁波切開啟了鄉民的自性大悲心，因為對牲畜的感恩，所以願意以實際放生行動供養上師諸佛菩薩。

「祭祀神明」，有什麼比我們的自性大悲更珍貴呢！！

▲▶ 孩子們倚在數層樓高的山坡壁上看放生法會，對山是放生的羊群。

百變阿里上師·不變的就是：恆持做功課

在台灣，寺廟僧侶是一起做早晚課。藏人不同，一起床就在床上拜大禮拜，然後各自念誦自己主修的法本。

山上的阿里仁波切和台灣法座上的上師實在判若兩人，唯一不變的就是恆持做功課。天朦朦亮，就聽到上師和喇嘛的帳篷傳來法本念誦的聲音，一大早被唱誦的旋律叫醒，此起彼落做早課，我們躺在帳篷裡發懶，但是腦袋裡已然的跟著轉誦日

▲ 鄉民要求仁波切坐上自己放生的牛羊，讓牲畜能快速消除業障。

課本皈依發心祈請文，開啟愉悅的一天。到了傍晚，上師一定做完晚課，才接見信眾。如同在台灣法會結束後，上師回房做完晚課，才跟我們講話。

除此外，我在這裡好似看到了仁波切的孿生兄弟。一個與內湖中心迥然不同的上師。在台灣，阿里仁波切是那麼的文質彬彬、溫文儒雅；可是紅山上，他卻是那麼的活潑奔放，熱情洋溢。天差地別，迥然有異。

山上的阿里仁波切，放聲大笑，穿著拖鞋，奔前跑後，狂放不羈，赤子之性，是台灣弟子不曾看到的真情模樣。閉關時穿上的棉衫褲和外罩一年下來已薄如紙片，大腿上一塊四方形大補丁，百衲衣破洞補釘披搭在身上，沒有其他禦寒衣物，光著上身，露出臂膀，再冷也無視於前山的白雪；還有那一整年未剪的長髮吹在臉上，活脫像是達摩祖師的再版。

　　放生法會，鄉民都要求仁波切坐上自己放生的牛羊背上，

▲ 眾生的牛脾氣，都要靠上師點化

讓牠們快速消除業障。仁波切奔跑在牛群中，一面加持、一面比手畫腳、有時候抱起來親親、有時候揮拳作勢，玩得不亦樂乎；一會兒跨坐在牛背上，不一會兒又在牛耳旁諄諄教誨，慈愛的眼神道不盡千言萬語。

這些牲畜不知是緊張還是真溫馴？睜著大眼仔細聆聽，只差沒點頭。大家都被上師逗弄的笑得合不攏嘴。對眾生，阿里仁波切平等關愛，甚至不通言語的畜生，也無一不是他的子民。

放生儀式結束，結行時僧眾拿起糌粑粉撒向天空「供養諸佛菩薩，祝福一切眾生」，空氣裡瀰漫了白色粉末，你可以觀想成「光中化佛無數億，化菩薩眾亦無邊」，也可以想像在灑花供養法界一切眾生。

而我們早已玩心大放，被這種無羈的氛圍所感染，兩手抓滿白色的糌粑粉，往別人頭上灑花，抹在別人臉上，這氛圍很像是小時候打泥巴仗，看到每個人灰頭白臉只露出兩個眼珠，衣服上都是「眾生給我們的祝福和加持」！

放鬆無念、不受拘束，無所求的全然釋放，那種理所當然的快樂，來自於內心的法喜充滿，法會結束後，牛羊被趕回山上放生，天人盡歡。

再見，紅山寺．揮揮手，不帶走一片雲彩

10/9~10/10 每天晚上廣場上村民跳舞唱歌，歌聲中向上天訴說上師功德、祝禱上師一切平安吉祥，濃郁的不捨之情融化在虛空中。

移交會議正在進行中，仁波切不時的出來陪大眾胡跳一番，然後又再跑回寺裡開會。看得出來他細膩心思，想沖淡鄉民的離愁，仁波切不希望任何人心中有半點委屈。然而行者內

心深層的感情，不是世俗私情可以綑綁，瑜珈士們閉關一年學習有成，那洛六法至少在此地生根了，一方眾生都有了依靠，還有甚麼放不下的？

寺裡燈火通明開會，喇嘛整理出寺產清單，逐一讓管理委員會交接。紅山寺是十方供養的財產，仁波切一點也不馬虎，要五個村落選出的六名營運管理委員簽收、負責承擔管理責任。同時設立互助基金帳戶，並留下一筆為數不少的錢，由管理委員協調運用為寺裡定期舉辦修法、及無依老人安養

◀村民代表會議，白天在營區廣場，晚上在寺廟裡召開。

與修持所需。

紅山寺交接還不是最棘手的，冬蟲夏草利益分配才是頭疼問題。巴弄五個村莊，冬蟲夏草的採集是當地最大收入來源，周邊幾座山如何劃分村界、屬地、管理稅金、比例應繳多少……夠頭疼的了。因此鄰村、村長、村民之間有利益分配的爭執，日久生隙是免不了的。

阿里仁波切也不是柔軟溫情派的，越是棘手他越是不畏強權站出來主持正義。尼瑪喇嘛說：「利害衝突的時候，有些人是會『惡向膽邊生的！』，但仁波切從來沒考慮過自身安危。去年他和千貝、悟智喇嘛，只有三個人在山上，也不怕人單勢薄，硬是要為弱者出頭與強者對抗，我們擋都檔不住。」

村民請求仁波切在離開前主持公道，立下行事規則及見證，三方相互承諾，以避免日後衝突。

藏人個性豪邁粗獷，連續幾天村民會議讓人神經緊繃。然而阿里仁波切有如泰山之勢，爭鋒相對的火爆場面一點也難不倒他。公允無私一言九鼎、溫而有力、威而不猛、優游任運面面俱到，讓人全然的信服與恭敬。仁波切不但化解了累積日久的宿怨，各村落還允諾上師：「日後會互助合作共謀福利」。

如父、如師、如友，仁波切總是能在日常生活中教育眾生，未來以紅山寺為中心，五個村落往來互動將更密切頻繁了。一切公務圓滿交接，明天下山，仁波切帶我們出關弘法行腳！

「名聞利養」從來不是容易放下的包袱，就這樣送出去了，阿里仁波切的格局不是用框架可以衡量的！

諾大的廟產沒能留得住上師前行的腳步！揮揮手，不帶走一片雲彩！再見了，紅山寺！

雅列村 (Yarley)．維持巴弄整體安定的主力

10/11~10/16

離開昶巴．紅山寺，第一站我們來到在雅列村 (Yarley)。

拿著書來找雅列的竹本大哥，相信你會有意想不到的驚喜！雅列是巴弄五個村落中最大的村落，與昶巴紅山寺只有一個多小時的步行距離，高度也差不多，兩地密不可分，互相支援。雅列村長是一個有修為的竹本瑜珈士，正義豪邁、意氣風發，頗有領導力的老大哥。他有五個兄弟都學有專精，有一位是藏醫、一位老師，還有一位是噶瑪噶舉的出家僧，都能講一

◀意氣風發的竹本大哥在表演特技！你相信嗎？

口流利的英文，這樣高文化的優質家庭在整個多波都是少見的。來自對佛法的虔誠信仰，竹本與五兄弟熱中公益，照顧鄉里，博得鄉民敬重。在他們剛柔並濟的領導下，此地民眾不但團結善良有向心力，且明顯的感覺到文明素質頗高，精神層面滿足愉悅。

竹本六兄弟與村民對阿里上師的恭敬與護持是有目共睹的，巴弄青年防衛隊的成員有一大半是來自雅列，我們下山的馬匹，也是雅列村民所提供的。仁波切下山後，未來巴弄長治久安的重擔就落在竹本六兄弟身上了，雅列村是維持整體巴弄安定的力量。

這樣的人親義重，仁波切決定在雅列停留五天，為村內開光寺開光、長壽佛灌頂、然後到村落各家灑淨，幫牲畜加持，祝福他們長久富足祥和。

暖男特色・對外面的比對家裡的好

沛鏵師兄有兩次入川藏義診經驗，這一次也不例外，帶了許多藥品與中醫復健貼布，一路上都在幫當地傷患做復健和針灸，山上物資欠缺、醫療藥品和醫護人員更是不足，所以藏醫工作相當吃重，沛鏵師兄主動付出不計成本，博得鄉民不少喝采。

在巴弄，沛鏵與兩位藏醫(個子高的是竹本弟弟)一起做義診，今天來了位貴客，藏醫的太太。跟上師行禮如儀後站在旁邊，仁波切如常的關心噓寒問暖一番。藏醫太太如女兒回娘家般把一肚子的委屈向上師吐訴，狀告藏醫天天一大早出門幫

▲ 沛鏵和兩位藏醫，高的是竹本弟弟。

病患看病，忙到晚上，一回到家就累癱了不想動，她的髖關節已經痛好久了，藏醫都沒空管她。說到傷心處，哭紅了雙眼。

藏醫低著頭不敢搭腔。

如果是我的孩子，我也會心疼，真是不合情理。仁波切笑笑，不知道該怎麼說這位弟子！！

沛鏵師兄馬上幫她處理，針灸環跳穴，然後貼上貼布，大妹子破涕為笑。

我和智慧交換眼神一旁竊笑……「哈哈，這是仁波切唯一無解的答案，應該讚美還是責備？」

看看喇嘛，這些暖男都有一個特色，就是「對別人比對自己好；對外面的比對家裡的好。」我們的喇嘛也都是暖男，好在沒結婚，否則也一樣……「出外結善緣，回家聽抱怨，不如出家去，橫豎自由行！」所以，藏人把家裡最智慧、最善良的孩子送去出家，這是對的！

雅列村長為上師準備了乾淨房間，廚房旁的休息室給我們女賓住，此外就沒有足夠的房間容納男眾。周邊都是山坡地沒

有平坦的地面，因此只能在村外民宅屋頂的平台上搭建帳篷，德裕師兄和七位喇嘛就迎風而睡。

空曠的山區，強勁的風勢把鬆垮垮的帳篷吹得抖動亂顫，塑膠製品耐不住強風酷寒，要命的是晚上溫度低達零下 8 度，這要怎麼住人？心裡真的好生過意不去，可從來沒聽喇嘛們的抱怨過。連德裕師兄都噤口不言，這些暖男真的可以融化掉零下 8 度的冰棒！雖說如此，但我還是得告訴妳：

「孤不勝群、寡不敵眾，他們的心都在眾生身上。所以只能勸妳……既然選擇了暖男，只好包容他的大愛了！」

◀ 德裕師兄生日，剃光頭供養上師。

馴馬・藏人的智慧

在雅列 (Yarley) 也有一場放生儀式。當天晚上，半夜出來上廁所，看到一隻犛牛在隔壁上師房間的門口外走來走去，不肯離開；五十公尺外的坡地上也聚集許多當天放生的犛牛，徘徊在寺廟周圍。

人說「牛眼如鈴」，幾十顆圓圓大如銅鈴的眼珠子，在漆黑的夜晚放出來的光，就像活動的夜明珠。走出房門，看不到龐然身軀，卻看到無數的光點，在草地上飄移。我們戴著頭燈，

牛兒對突來燈光提高警戒，全體轉頭瞪著你看的時候，那真的比聚光燈還讓人震撼。那個震撼，可不是因為你是台面上的主角，大眾行注目禮。那是因為怕牠野性大發衝撞過來。

我們上山的時候，就遇到這個奇特的經驗。最後一天，快到昶巴紅山的時候，累得人仰馬翻連牲畜都抓狂。有兩匹野性未歇的年輕駿馬，不知是啥因素，突然衝出隊伍，往山上撒腿狂奔，或許是因為快到家了興奮、或許是累了不想被約束，縱情發洩，總之牠勢如千鈞的一眨眼，就已經登上了山頂。

我正想給牠拍手叫好，馬伕急切的聲音要我趕快下馬。我不解地看著他，還沒會意過來，馬兒已經穿越隊伍的前方，奔騰衝下河谷。這才驚覺到生命在一瞬間，難怪馬伕這麼緊張。這真是精采的一幕，花錢也買不到的現場直播。

我們躲在樹叢旁邊看馬兒全山跑，前前後後、上上下下，盡情發洩。沒人追、沒人理、其他的馬兒靜靜的立在主人旁，低著頭不干己事。幾十分鐘過後，那兩匹馬兒累了，自己乖乖的走回來歸隊，背上的包袱全被牠甩掉了。

馬兒帶來的凌亂，留下的殘局可不輕鬆，幾個年輕人上山下谷找甩落的馱袋，得要花好幾個小時。好在喇嘛把所有的馱袋都縫得密密嚴嚴的，否則食物、衣服散的滿山，不敢想像該怎麼辦才好！我看著馬伕的臉，他會如何處理「內心」的波動？

沒有，馬伕什麼事也沒做！，只是把行李重新掛在馬背上，然後繼續前進，好像剛才什麼事也沒有發生！

「對畜牲不必講人話；累了，自然就會歸隊！」我看到藏人馴馬的智慧。

山中無甲子，誰知雪將至．天候異象，三心不可得

仁波切很忙，房間裡川流不息的村民訪客沒斷過。我們也很忙，德裕師兄學園藝的喜歡看植物，紫雲忙著做功課，智慧和天真喜歡跟村民比手畫腳聊天、玩換裝遊戲，沛鏵義診……。

我喜歡坐在村前的大石頭上冥思，雅列村前的景緻真美，由上俯瞰空廣無遮一覽無遺，真是享受！

遠望對山，山巔上的白雪，時而被飄拂的過客遮掩，時而被陽光照耀得神采奕奕；山下淙淙流水，沒有停息的一刻；慵懶的牛羊，自顧自地吃著腳旁的青草。日月經天、江河行地，浩瀚天地，誰是主人？

天天看著前方的山巔，白雪愈積愈厚，雪線愈降愈低，早該到下雪的時令了，晚上溫度也低達零下 8 度，巴弄會不會下雪？我們一直擔心這個問題，所有的裝備都穿在身上了，下雪不知道要穿什麼？

仁波切老神在在不急著要走的意思，原本只留三天，因為雅列村民祈請，現在延到五天。如果不是我們入山有簽證問題，仁波切可能每個村落都來個long stay，三個月也下不了山。

妙的是，去年此時，詩佩說昶巴紅山寺開光法會一結束，幾乎是被上師趕下山的。9/19 仁波切就催：「沒事的趕快下山，

快要下雪了！」

喇嘛說詩佩離開紅山寺二天，山上就開始飄雪。好在他們已經離開，否則積雪路滑，馬兒不可能代步了，那麼行進的困難和危險真是無法想像。

(真奇怪，上師怎麼知道快要下雪了？)

詩佩一行人大約是在廓拉過中秋節 2018/9/24，十月初就整個大雪封山，那時連當地人都不會貿然前進。今年我們是在家過的中秋節 2019/9/13，離開台灣 9/24，整整比詩佩他們晚了一個月。現在 10 中旬，論溫度與去年比也不低，晚上溫度平均都有零下 8 度。照理來講，早該下雪了。從對山的雪層線往下移來看，顯然那邊已經開始下雪了，可是這邊完全沒有下雪的跡象。不得不說，太陽好像是跟著上師走的。雖然晚上快速急凍，甚至到早上 10 點以後，地上和水管結冰才全部化去，水管才開始供水，可是中午溫度卻又迅速回升，高達 28 度，中和了晚上的酷寒。

由於沒有持續低溫，還有水氣不足，雪就下不來，這是我們的解讀。但是，尼瑪喇嘛告訴我們：「你們別以為天氣晴朗一定不會下雪，我們曾經就上過這種當。有一次我們四人想要去印度，跟上師告假時，剛好碰到澈贊法王來尼泊爾，心裡就想等下禮拜法王離開，我們再走吧！

仁波切說：『你們現在就去。如果不走，下禮拜就會被大雪困住，走不了。』

我們認為不可能，明明這麼熱、這麼晴朗，根本沒有下雪的徵兆，而且就算下小雪也不可能困得住我們。

結果就被仁波切說中了……『下大雪』，雪深及膝，我們動彈不得。」

仁波切不多話，很多事都只說一次，聽不聽隨你。

喇嘛說：「還有珠帕 Jupal 的小飛機陰晴不定，明明是晴天它就不飛，看起來陰天它又飛來了，老天都不一定搞得清楚它飛不飛。

(珠帕 Jupal，沒有大停機坪，都是隨到隨開，從別處飛來，載了客就走。)

有一次我在機場候機，等了一個禮拜都沒飛機過來。後來仁波切來了，第二天早上飛機就來了。現在我們學聰明了，聽仁波切的準沒錯。他說『去機場』，就代表有今天有飛機，趕快收行李。如果上師不慌不忙，代表今天就是晴天也不必急聽話照做，否則會吃大虧！尤其是旅遊在外，急死人了。」

小舒說：「2012 年在里米也發生一件事，我們要坐直升機上水晶山。

前一天晚上，仁波切突然很慎重地跟我們講了許多『無常』的開示，然後要我們多祈請阿企佛母。我們心裡隱約覺得有狀況，但是跟著仁波切，所以心中很篤定也沒在怕，就乖乖的多念阿企。

第二天坐上直升機，起飛後十來分鐘，突然直升機又折返降落。那時我們心裡才真是七上八下，不知道發生甚麼事，一分鐘都度日如年！下了飛機，歐美籍的飛行員就對我們說:『飛機上一定有大成就者！我要謝謝他。』

我們帶機長來看上師，他握著仁波切的手，口中說：『感恩仁波切救了大家，加完油，我的油箱蓋可能沒蓋牢，一起飛蓋子就飛了。從儀表上看到警示燈號亮起，顯示這個要命的錯

誤，所以趕緊返回降落。飛行、與降落的過程，油氣如果碰到一點引擎或扇葉的火花，飛機就會爆炸。能夠安然降落真是上帝保佑。所以我知道飛機上一定有大成就者！非常感謝您。』」

大家驚叫：「天啊！什麼兩光的事。真是上帝顯靈了，蓋子找到了嗎？」

小舒說：「當然沒有，這老兄只好用塑膠袋之類的塞塞捆捆又起飛了。我們真的嚇死了，一路念誦阿企佛母保佑。」

阿彌陀佛！我們這些聽眾都捏了一把冷汗。

「喔，阿里仁波切有神通！」我們好奇的去問上師。

上師回答：「沒有，你們愛講神話。」沒有人敢再問，求神通不是佛法的正知見。

然而金剛經也提到……

佛告須菩提：爾所國土中，所有眾生，若干種心，如來悉知。

何以故？如來說：諸心皆為非心，是名為心。

所以者何？

須菩提！過去心不可得，現在心不可得，未來心不可得。

如能證得三心不可得，相信你也會相應於諸佛菩薩。一分耕耘、一分收穫，一切還是得靠自己實修實證！

不論如何，40 天行程裡我們有太多的幸運，團隊裡沒有人高山症、沒有一點病痛拐傷，窮鄉邊野一點小障礙都會造成旅程上非常大的困擾；同時我們碰到一些未曾遭遇過的人生經歷，也看到一些天之異相，曾經在書本上看過的前人分享，我們不相信無法想像。這些都確實要感恩上師三寶加持，龍天護佑，逢凶化吉！

雅列真情難捨難分·山上的孩子以校為家

10/16 再不捨、再拖延，離別的日子終將來臨。離開雅列，才算是真正離開巴弄。

老老少少、男男女女圍繞著上師，匍匐在地上；四、五個村落的居民哪裡湧得進小小的雅列村前的小犖巴。擠在山坡上、牆外坡道上，塞得水洩不通，哭聲四起，人潮越湧越多難以控制，姊姊妹妹們拉著我們的手哭成一團，不捨……

尼瑪喇嘛看到這場面，決定帶我們先行離開，把不捨的戰場留給仁波切安撫大眾！

走了約莫大半小時，在一處曠野上，湧出一批鄉民攔下馬隊。

啊！又是一群難捨的雅列村民。再次在路旁擺出歡送茶點，把我們扶下馬。看到熟悉的面孔，早已熱淚盈眶。幾天相處雖然語言不通，但真心相待依依不捨之情好似家人分別，哭紅了雙眼。

眼前這群人，我們互相從沒搞清楚「誰是誰」！但這又有什麼重要呢？悲淒的哭

聲，哀戚的面容無須造作，生離死別之苦來自於真情流露。

第一次看到、感受到「真心」的可貴，其實陌生人也能建立深厚的友誼，「信任」，並不一定在親情上才有。當然我們也了解，能得到鄉民「以心換心」純淨的友誼，完全是建立於上師的介面。一個人能夠得到別人全然信任與依賴是多麼的困難和珍貴啊！再次上馬，才是真正的告別。

昶巴・紅山再見了，我會永遠祝福你們！

早上 9 點半離開雅列，到達夏利已經是下午 4 點多了。仁波切下了馬就被迎請到寺廟灑淨，這位住持來過台灣，能講中文頗為親切。明早我們就會離開不停留，所以翬巴利用時間分秒必爭。

夏利 (Sheri) 小學海拔 4044 米，今晚我們借住在學校教室。

高度已經比昶巴．紅山寺 4200~4400 米下降許多，但因為學校建設在山丘頂上，直接面對風口，雖然風景入眼無遮，十分秀麗。但入夜溫度不但低於零度，體感溫度更是覺得比巴弄還冷。

夏利小學的校長是個年輕有為的印度人，熱心盡責、教學多元；在雅列歡送仁波切活動中，校長帶了小朋友參加表演，小朋友載歌載舞，跳印度舞非常活潑可愛。現在是尼泊爾過年假期，學校放假。但是仍然有許多孩子留校，住在遠地村莊的孩子，以校為家是這裡的特色。

▼ 夏利 Sheri 外景

山坳裡的迪讓(Thayrang)・失去的地平線

10/17 第三站迪讓(Thayrang；Terang)，高度 3588 米，已經開始走下坡路了。

我真覺得騎馬對我來說不是件難事。仁波切曾說，「直貢弟子都是山的孩子。」山的孩子哪有不會騎馬的？但是有一項自嘆弗如的是：從夏利(Sheri)到迪讓(Thayrang)的路途上竟然沒有顯著的標示，喇嘛全憑著記憶在某個山坡上迴轉，往山坳裡行進。

在台灣靠的是導航系統，方向感都退化了，看來以後我們都會被 AI 取代。看起來似乎是一模一樣的山，沒有指標，沒有地圖，沒有路徑，光憑記憶找路。我無法理解，哪裡有「註記」呢？這麼久才來一次的喇嘛如何找得到路，我十分好奇，不得不佩服藏人的辨識能力。

這讓我突然想起了「失去的地平線」這本書，作者離開香格里拉，再也找不到香格里拉。重巒疊嶂的喜馬拉雅山遮掩了草原，隱蔽的村落深藏在山內的某一角，保護了村莊的安全，卻讓作者出了山口就迷失了方向，再也難覓蹤跡，真是遺憾。

「是否應該為巴弄留下點蛛絲馬跡，讓遊客循線探訪？」寫出旅遊紀錄的想法，在心中種下種子！

▲ 隱藏在山谷裡的迪讓，失去的地平線，真的找不到！

▼ 你看到村落了嗎？沒有人指引，你也一定找不到入直貢犛巴的進村路。

迪讓 (Terang) 的寺廟也是阿里上師為當地鄉民蓋的，此行仁波切要為這間佛寺開光。我問上師：「夏利和迪讓村前的梯田特別漂亮，陽光灑在收成後的乾草上，泛著亮光金黃色，顯得很富貴。看起來迪讓村似乎比巴弄富裕，而且每家屋頂上都曬著青稞乾草，代表收成不錯。」

仁波切說：「收成不錯不代表富裕，當地人嗜酒，巴弄那邊大部分已經戒酒，喝酒的花費可以消耗掉家裡積蓄。山上的女人普遍都很辛苦。」

「嗯！了解了。難怪佛陀要制定酒戒。」

我又再問上師：「為什麼山上大部分都是瑜珈士，出家人比較少？」

▲ 堪布巴桑和倉巴仁欽帶我們離開迪讓村。

仁波切說：「因為窮啊！當地人自己都難生存了，拿甚麼供養呢？瑜珈士賺錢，自給自足。在生活上比出家人自在。」

「喔！真的。我怎麼沒想到，這是最重要的現實問題。出家，真的是需要具足大因緣、福報。」

經過上師的解說，才覺得此地瑜珈士真是難能可貴，在這麼困苦的環境下討生活，還精進修行自我提升、並且還不忘引導眾生離苦得樂，實在不容易！仁波切為了讓瑜珈士安心修行、寺廟穩定生存，所到之村落，依照人口多寡留下三寶供養金培育僧才。

他說，「瑜珈士是當地很重要的精神支柱。尼泊爾銀行定存利率 9%，放款利率 25%，用定存利息就可以幫他們定期舉辦法會。唯有佛法深植人心，斷酒戒、勤儉持家，才能改善此地鄉民生活。」

哇！上師真是金頭腦，算得清清楚楚。體察民情、用心比心，沒有人比阿里仁波切更願意了解大眾的需要。

無邊行願利有情・各遂所求皆不退

10/19 在迪讓村住了兩天，今天我們要拔營了，但是去哪裡呢？太多村落祈請仁波切加持修法，大家都知道即使是轉世祖古，願意這樣的苦修方式，而且有這樣修持能量的，實在不多，所以絡繹不絕的人潮不是沒有道理的。

只要順下山方向不太遠的，阿里仁波切悲心都一一答應了。雖說順向，但祥 (Shang)、沐村 (Mukot)、濱町 (Pimre) 三

▲ 如果心中還有一絲的倨傲自慢，那是因為未曾看到過巨人。

▲ 你看到橋上和橋前面的人馬嗎？放「大」，還是看不到對山壁上的山路。

個村莊座落在不同方位，頗有些距離，且山路難行、能騎快馬的路段有限，有許多路段只能走路、拉馬前行。所以從效益考量，花在奔波路途上的時間佔去大半，其實仁波切可以不答應去的，但他不拒絕，因為越是貧苦弱勢，他越是想去送暖。

如要在二天內走訪三個村，仁波切必須計算路程距離，然後把每個村落時間縮短，一分為三，那麼能犧牲的，也只剩下了休息時間。這就是仁波切讓我們心疼的地方，「苦自己，也要把祝福送給別人。」

為了不影響下山行程，上師不讓我們跟著去，

一、因為我們不會騎馬動作慢；二、村落接待我們大隊人馬很是麻煩。

所以要尼瑪喇嘛帶我們先回喀村 (Kak)；然後指示悟智喇嘛帶仁欽等人去濱町村 (Pimre) 準備多瑪、及修法要用的東西。

上師神風隊快馬加鞭，第一站探訪祥 (Shang) 和沐 (Mukot) 兩個村落，第二站到濱町村 (Pimre)。從濱町到喀也需要半天的路程，兩天以後回喀再與我們會合。離開迪讓，我們兵分三路，和上師短暫分別。出了村口，我們往山上走，仁波切一行人往峽谷下走。

我深吸一口氣往下看，比螞蟻還小、看不清楚的影像：「這上下是幾丈高？」

不論你有沒有懼高症，看下去都有點心驚肉跳。我們站在山頂上盯著上師的身影移動，大批村民在山谷口歡送上師。

神風隊越走越遠，影像越來越小，所有人物景緻微微蠕動，好似動畫般蔚為奇觀。一條河從峽谷中間穿過，天然屏障了迪讓村；對岸是拔地而起參聳入天的喜瑪拉雅山，氣勢真是駭人。

你能想像從山根到山巔，數千公尺高的巨人站在眼前的態勢嗎？人渺小得實在沒有倨傲的本錢。由於時間急迫，過了河，上師不再停留，隨即躍馬奔騰而去。看著上師離去的身影，不辭辛勞！

我們忍不住對著山谷大叫「仁波切……」，山下民眾也跟著我們呼喊「仁波切……」，瞬間神風隊已隱於山後。

山谷裡回音不斷，眼中溢滿淚水，山、水、峽谷，還有上師……

～無邊行願利有情，各遂所求皆不退～

蘋果、貓鼠同眠·
沒有相欠的因，它不會找你麻煩的！

10/20 我們回到喀。喀村 (Kak) 是國際露營地，上山的時候 10/1 我們路經此地，搭營休息一晚，可是那時天氣還溫暖，20 天後的現在，晚上已降到零下的度數，可真不是露營的好時節。

▲ 喀 Kagkot，左邊藍色房子為喀小學，再左方是廢棄的舊村，沒有入鏡往巴弄的路在最右邊的山尾繞出去。

▲ 爬上村背後的高山俯瞰入村口，我們從正前方河道口入村。右邊藍色屋頂是銀行，後方是廢棄舊村。

尼瑪喇嘛幫我們找到一間「免費民宿」；一位大姊把堆放蘋果的倉庫讓給天真、智慧、沛鏵和我，4 個人同住，並且給了我們 4 張床墊、4 床毛毯，我們席地而睡。坦白說，這已是當地很好的待遇了，我們十分感恩。

倉庫裡好幾袋蘋果，滿室生香。不只我們喜歡，老鼠也喜歡；有老鼠的地方，貓兒也喜歡。

晚上可熱鬧了，老鼠打架的聲音「吱吱」；貓抓老鼠的聲音「喵嗅！喵嗅！」；肥老鼠掉下屋頂的聲音「碰 Q」！開了燈睡覺，它們依然我行我素。從沒見過這樣陣仗的台灣郎，不知如何與老鼠同眠。躺在地上，總恐懼會不會有老鼠之吻！

一夜折騰，大家早上起來都兩眼無神，無精打采。「這是人鼠之戰嗎？」怎麼辦？還要在這裡住一個禮拜，如果天天這樣，我們能熬幾天？

不行，一定要強迫自己睡覺，太累了！我們跟尼瑪喇嘛說：「有老鼠！」

尼瑪喇嘛說：「有老鼠，很好啊！財寶天王不是養了很多鼠寶。老鼠代表財富，你們不是最愛修財寶天王？」

是啊，真是矛盾！鼠疫在喇嘛的眼中從來不是問題，如果你相信因果，沒有相欠的因，它是不會找你麻煩的！我們四人討論結果，告訴自己：

「人鼠一家親」、「無辜的老鼠又沒來妨礙你！真是想多了」、「其實是我們搶了它們的地盤，我們才是它們眼中的不速之客！」

想通了！此後十天每晚上我們都呼呼大睡，再也不管什麼貓鼠同籠的問題了。

「隨緣自在」，說的容易，做起來真不簡單！

夜空中的彩虹・
天之瑞相，你只能用想像的

10/21 我們回到喀村 (Kak) 兩天後，上師預計今天傍晚應該抵達喀。五點鐘過後，太陽剎那間就掉下山頭，天黑了。才六點，漆黑的村莊，溫度大約只有 1~2 度。滿空明亮耀眼的星辰，此時吸引不了我們焦急等待的心。

▲ 不論白天或夜晚，空行護法一直護佑著行者。

每一個村落的出入口都有相當的困難度，藏人會選擇天然屏障作為入村口，喀村不例外；前面的河道很寬，沙洲上有蘆葦灌木叢，入村的地型複雜，不但石階高低落差頗大，還有土石流的沙坡路段，非常危險。後村出口，是緊鄰懸崖的小徑，連走路都讓人戰戰兢兢，怎麼騎馬？坦白說如果沒有人帶領，我們絕不會認為那是必經通道。

夜晚沒有光線的山路，這麼困難的路，馬兒怎麼走？想來都心驚。執行長和歡迎隊伍早就排在在村口，我們幾個則留在寺廟前面等待上師歸來。七點鐘了，還沒消息，隨著時間流逝，我們越來越焦急……

突然間，聽到鑼鼓嗩吶聲。啊！上師終於入村了。緊繃的心情終於放了下來。執行長一見到我就興奮的跟我說：「夜空中的彩虹，你看過嗎？你知道有多美嗎？」我搖搖頭，沒看過。

執行長手舞足蹈說：「上師一入村的時候，滿天明星照亮天空，一道彩虹就掛在夜空中，我看了好想哭哩……！」

我有點不能置信，今天是農曆下半旬沒有月光，我們都知道彩虹是源自於光的折射，沒有光的夜晚怎麼會有彩虹？

抬頭看著滿空明亮耀眼的星辰，難道是星光？轉問上師：「真的嗎？」仁波切不置可否！

啊！天現瑞相！辛苦了，上師！諸佛菩薩在為您加油，為您讚頌！

夜晚的彩虹！真的是要福報具足的人才能夠看得到，讚嘆執行長清淨心！

喀村，時空交界點·將佛法融入學校教育

喀村 (Kak) 是一個很有意思的地方。它是上、下多波的分界點，是商品什物匯集處、有簡易醫療衛生所與銀行；因為地貌複雜且採買方便，為健行者所喜愛，所以政府將國際露營區架設於此。天時地利各方面因緣的聚合，這個小小的山村，受到大大的衝擊，食衣住行與山上、山下不同，發展成自己的面貌。譬如說：

上多波緊鄰西藏，藏民多，以藏文化為主流；下多波以尼泊爾人為主，但多受印度文化影響。喀村 (Kak) 剛好夾在上下多波中間，各方面都是半成品；就文化而言，上不受藏地文化，下不及印度文化；就文明而言，下不達於印度物質文明，上又不甘於藏人純樸天然；語文，以尼泊爾語為主，印度語、西藏語不通，但生活上又息息相關。所以語言、文化、物質、文明，都有上、下各一半的影子，這就是「天然的尚好」！

除了傳統與先進的交界，還有國際露營地之便，往來頻繁的旅客帶來各地複雜的訊息。喀村被時代塑造成思想沒有主軸的混合體。成年人都很容易迷失在無知、貪婪、貧困和物質誘惑的陷阱，更何況是孩子！！在這樣的環境中成長，孩子們找不到明確的方向。

阿里仁波切觀察到這裏孩子心性不穩定。因此 2012 年當 Kak 村長請求資助喀學校興學時，仁波切毫不猶豫的就答應了。

他認為，未來社會的健全發展，又奠基於孩子們正常成長！

仁波切：「佛法還未深入人心的時候，學校教育可以培育健全的人性，只要孩子能學到正當做人，不浪費生命珍惜人身難得，那麼地球上就會減少一個負擔，所以培育孩子承擔學校費用是值得的。」

因此，森給慈善基金會不但承擔所有學生雜費開支、學生宿舍、制服、書籍、文具、生活費；還增聘了三位老師，由於此地交通不便、物資缺乏，所以老師們要求「高於平地多三倍的薪水、並提供良好的住房」，這些都是隨之而來的負擔。

現在 Kak 學校已增加到五位老師，學生也增加到 60 多人，有些是來自他鄉的孩子，步行 3~4 天來此就學，教學程度從原本 1~5 年級，增加到現在增加到 8 年級。

(尼泊爾的學制：小學 5 年、初中 3 年、高中 2 年，總計為期 10 年)

這幾天，我們參觀森給慈善基金會新增建的師生宿舍和教室，同時發放冬季制服。雖然是新年假期，校長與幾位老師都仍然留守在學校，盡責態度可見一斑。阿里仁波切對老師的期望是：

「除了教好書外，還希望老師能到上多波各村落，勸說父母能讓孩子們來 Kak 讀書，不要因為山區各種因素而失學。」

仁波切說：「2002 年開始，每次回到多波，總有許多父母請求我讓小孩讀佛學院當小喇嘛。可是這麼小的孩子離開父母，親子哭啼都讓我十分不忍。我樂於助 Kak 建校，讓佛法直接深入學校教育，這樣孩子就不必離開父母，不一定要當小喇嘛。我唯一的期盼，就是希望看到當地居民生活安定，其他並無所求。」

喀村還有一個小故事，2000 年仁波切第一次來到這裡，有兩位媽媽請求仁波切讓孩子出家當小喇嘛讀佛學院。這兩個仁波切第一次帶下山的孩子，就是堪布達瓦滇真和堪布滇真彭措，他們的表現非常出色，現在已經是直貢強久林佛學院的梁柱，約是校長、院長之階，佛門龍象。

佛法是一個完整的宇宙觀，十法界交融互具，沒有分別、沒有對等，沒有種族、沒有宗教，任何一個凸起或缺角都會造成不平衡！

華嚴世界海，香光莊嚴，圓融無礙！

一步一腳印，你感受到阿里仁波切的願心了嗎！～

山稜線跳躍．「不可能的」挑戰

喀村被地震、土石流摧殘的慘不忍睹，半片山坡地下滑，樹根裸露。地層下陷移位，所以政府幫民眾遷村到現在位置，舊村廢棄，Kak 學校背後留下十幾戶空村。

Gompa 背後的那座山，橫跨整個村莊，被上師砍掉巨木的那座山，我沒上去過。

我們在喀住了 9 天，村前村後都不知走了幾回，唯獨 Gompa 背後的那座山，我每天看著它的山脊，總有想爬上去的欲望。但是碎石滑沙一直是心中的顧忌。

不忍了，今天不去來日悔恨，獨自一人拿了登山杖往上走。

喔！這真像是流沙，一腳踏下去就陷入沙堆，好不容易拔出來，另一隻腳又陷入沙中，站也站不穩，吃力的拿著手杖硬

▲Kak 後村出口緊鄰河谷，看到前面的喇嘛嗎？你猜我們騎馬？走路？

撐著，隨處抓著地上能止穩的乾草叢，上三步下一步，終於登上山脊。

哇！真是雄偉啊，美不勝收。一尊石片堆疊的佛塔，莊嚴入目。喀村全景一覽無遺。村前的河流、沙洲，幾乎與村同寬，真是壯觀，心中甚為激動，不虛此行！轉了幾圈佛塔祈福，滿足了，下山吧！不要走山脊了，沒時間。德裕師兄說，走過去1.5 小時，來回 3 小時。喇嘛會擔心。下山比上山更困難多了，上山有重心，下山連重心都抓不到。沒有堅實的地面、沒有可扶的支撐，我幾乎是蹲坐在地上滑沙，從一棵樹滑到下一棵樹，跌跌撞撞，只差沒滾下來。

下了山，我高興的跟大家分享山上的景致。

天真師兄說，她昨天也爬上去了，不但如此，她還沿著山脊，從山頭走到山尾，出了後村口。「哇！不簡單，藝高人膽大！」我給她拍拍手。

可是昨天聽德裕師兄說，後山沒路，必須回頭，來回要 3 個小時。所以我更好奇了。然後，下山呢？後山沒路走下來，後村口外是懸崖步道，下去就是萬丈河谷沙洲哩！必須走回到原點，Gumpa 旁邊才有步道。

天真師兄說：「因為不信邪，我不相信沒路啦！越下去越難走，還是不想回頭，來回要 3 個小時，就是不想再回走 1.5 小時的路下山。所以就率性地走下去了！」喔！勇敢。我伸出大拇指。

「固執嘛，硬是要走。然後，跟你一樣一路滑沙。從一棵樹滑到下一棵樹……還摔了一跤，好在滾坐在山邊的石頭上，灰頭土臉。更慘的是，下去以後才發現，真沒路了！下一棵樹

▲ 土石流和地震留下斑駁鬆滑的地面

還在幾公尺下面。半層樓高，不能上不能下，站在那裏懊惱。」

大家目瞪口呆：「阿彌陀佛！阿企佛母保佑！」

天真師兄說：「是啊！阿企佛母保佑！已經走到這個位置了，我能怎麼辦呢？只好站在那裏念阿企心咒，呼叫上師，祈請上師保佑。然後，看準方位，就跳躍『飛』下去。『飛的喔』，然後緊緊抱住那棵樹。阿彌陀佛，然後定定魂。就慢慢走下來了……哈！」

我說：「天啊！我看到下面的河谷，腳就軟了，真有你的，藝高人膽大。」

心裡真捏把冷汗，阿彌陀佛！上師太辛苦了，天天都有這些不聽話的弟子，呼叫上師！

天真師兄說：「我其實不是怕，有上師在，我心裡是很篤定的，只是懊惱自己冥頑不靈。哈哈！也是給自己一個教訓。」

「我哪是藝高人膽大，是心中有信念，對上師與諸佛菩薩的信心，所以心無罣礙，才能產生無畏懼的力量。」

給天真師兄拍拍手按個讚！好個「心無罣礙」！

天真師兄何嘗不知道：「喀村被地震、土石流摧殘的慘不忍睹，半片山坡地下滑，樹根裸露，地層下陷移位……那樹根有多少力道支撐天外飛來一撲？」

但是當走投無路時，你能怎麼辦？呼叫上師，也要能與上師相應啊！這時就是考驗你平時功課是否做足的時候了。

喇嘛千諾！喇嘛千諾！喇嘛千諾！

想要相應於諸佛菩薩，還是必須以你的「善根、福德，去創造因緣」！

小冉卡自願出家·藏民對「尊重與民主」的解讀

一個沐村 (Mukot) 媽媽帶了一個八歲大的小男孩 (冉卡) 走了三天路來到 Kak，請求仁波切讓孩子出家。

媽媽說：「前兩天仁波切去村莊修法的時候，小男孩跟前跟後，很喜歡上師。」晚上媽媽問孩子；「是不是想跟仁波切下山，出家就看不到媽媽了？」孩子肯定的點點頭。

所以媽媽就帶孩子來了，請上師帶冉卡下山讀佛學院、出家。

其實如果媽媽是為了孩子的前途，真的可以不必非要出家。阿里上師支持 Kak 學校興學，有一個很重要的因素，就是孩子不必離父母太遠，在這裡讀書幾乎沒有花費，學校都包了。然而像冉卡這樣聰明活潑、具有資質的孩子，是不是乘願再來人呢？除了上師，沒人知道。

孩子自己想要出家，那應該是累世因緣所致，父母願意割捨親情成就孩子，真的是不容易！藏人在「尊重孩子」這點，比我們還看得開放得下，這不就是民主嗎！

說到民主，我突然想到：有一個漂亮、穿著富裕，但精神狀態不很穩定的妙齡少女，一路上從迪讓跟我們走到喀。

這樣女子四處趴趴走，安全嗎？

我好奇的請問上師，「社會型態上，這裡的有沒有未婚媽媽，或是性侵強暴上的問題？」

仁波切回答：「沒有聽說有這樣的問題。基本上，藏人相信因果，不太敢使壞。而且風氣上還是很保守內向的，年輕男女『牽手』都不常看得到，動作太輕浮會被鄰里指指點點，社會共同的力量會是一種保護作用。所以沒聽過這樣的問題。」

這真是一個諷刺的事實，女孩子走在燈火通明的大都會，可能比不上走在暗夜無光的山上還安全些。這是什麼狀態呢？教育普及、知識增長、物質文明提升，但因果智慧和倫理道德卻式微了

你說，文化和文明怎麼分界咧？

▶ 即將出家的小冉卡，都涅分手時，我不捨的抱著他。

Kak 村的唯一，當下圓滿．一言九鼎，都是贏家

Kak 村對仁波切的熱情不下於雅列，每天下午廣場上都熱鬧滾滾，晚上營火晚會，熊熊烈火、熱門音樂，慶祝與歡迎仁波切與遠地來的貴賓。

孩子們載歌載舞，年輕人扭動曼妙身材、跳新潮的印度舞步，輕鬆活潑的旋律，表現出現代感的流行。

這和巴弄大多是中年人跳傳統藏舞截然不同。從這些小地方看得出來，雖然同屬多波、雖然只差距 1000 公尺高度，兩地生活模式卻有頗大的差異。

兩地不變的相同之處，就是對上

▲ 仁波切在河邊修煙供

師的熱愛絲毫不輸於雅列，每次修法，村民都把小小的寺廟擠得水洩不通，因此仁波切多選在戶外修法，大眾席地而坐。

今天有很個特別的修法，仁波切帶大家去後村口的河邊做煙供。Kak 村前面這條河的河道頗寬，雨季來臨時河水湍急洶湧，後村有一座橋是村莊聯外之路，大水常常將橋沖壞，造成行人危險和交通不便。所以村民祈請仁波切修法，請空行護法加持。此外，Kak 村民對阿里仁波切有種特別的感情、和依賴。犛巴住持告訴我們說：

「Kak 村的犛巴只有阿里仁波切來的時候才能上座修法。其他，不管是哪個上師來，犛巴的門都不開。村民不讓他們進廟修法，禮佛參拜可以，但是不准升座。」這是 Kak 村民共同的堅持，而且行之多年。

這是「法緣」不同嗎？是一種忠誠度嗎？還是對上師、傳承的信心？

在許多地方阿里仁波切都有協助當地人蓋寺廟，但只有 Kak 村有這樣的堅持。「滾石不生苔」，這是很少的人具有的智慧，但喀村民了解了。

看得出來，在村民心中，阿里仁波切是他們的「唯一」。還有另一個「唯一」，卻是頗讓人頭痛的。為了不讓上師離開，村民無所不用其極的「耍賴」就如同「唯一」敢對爸爸賴皮、無理取鬧的人，只有爸爸的那個「憨仔」。幾年前，曾經為了拖延上師，不讓上師下山，村民竟然把馬藏起來，全村竟然找不到一匹馬！就有這樣合作無間的村民，有點可愛的……笑不出來；又有點調皮的……生不了氣，但是這招確實是讓喇嘛最招架不住的步數。

阿里仁波切與 Kak 有宿世甚深法緣，除了兩個得意門生堪布達瓦滇真和堪布滇真彭措來自 Kak 村外，仁波切在巴弄地區的弘法緣起與 Kak 村發展有頗大關係。所以對 Kak 的無理取鬧，仁波切總是哈哈大笑，從不生氣。

這次又來了，村民要求上師至少要留 15 天。尼泊爾對上山簽證管理的很嚴格，我們的簽證 10/30 到期，在此之前必須趕回堵涅。實在讓人著急，後面行程還有好幾個村落，尤其是傳承古蹟～直貢鞏巴有八百年歷史，是直貢噶舉教主吉天頌恭的直傳弟子所興建，我們都希望能跟著上師走一趟參訪祖寺。

可是如果時間不夠，我們就只好直接趕回堵涅，讓上師獨自去了。

上師跟村民搏感情的的方式很特別，總有脫身的辦法。不

在桌上、不用「博杯」(擲筊)；上師讓尼瑪喇嘛和村長猜拳，誰輸了就聽對方的。

結果，不幸的尼瑪喇嘛輸了！大家歎口氣：「哀，那怎是個慘字了得！」

「好，願賭服輸，再多住一天。」上師一言九鼎跟大眾宣告，「再多住一天！」村民歡喜的拍手，然後不再堅持留大夥住 15 天。

這方法太可愛了，比辦家家酒還好玩，不管這個邏輯是不是很奇怪，總之就是圓滿解決了！明天我們終於可以動身了，前往直貢聳巴。不論誰輸誰贏，最後都是贏家，事情終於有了轉圜的曙光，智慧圓融的阿里上師總能讓大家「皆大歡喜」、「心想事成」！

換馬，巴弄派出的第二批馬已經到了 Kak。前一批馬回雅列休息；第二批馬走後面行程，送我們回堵涅。我們跟上師說：「實在太窩心了，真要讚嘆雅列的竹本，永遠是上師的後盾。」想到把馬藏起來的遊戲，真是「憨仔」才會做的事！

上師說：「不是不用喀村的馬下山，是抽籤決定的。來回四趟馬，兩村抽出的結果，是巴弄負責三趟。」

山裡的人就是這麼簡單乾脆，喜怒哀樂都在臉上，一點也假不了；千里之外的陌生人，我喜歡你，就是兄弟，一切好談！

上山，你只要帶一顆簡單的心，就能滿載而歸。

「暈水」你聽過嗎？‧騎馬過河的經驗

「暈水」，很奇怪的名詞，暈車、暈船是常有的，但是「暈水」，你聽過嗎？這可是一個難得的人生經驗。

10/27 今天我們要前往當循 (大千 Tachen)。喀村前的河道很寬，相信雨季來的時候，水量磅礡一定很壯觀。但現在是枯水期，潺潺流水實在稱不上「河」，不過就因為只是個「小溪流」，喇嘛才放心讓我們嚐試「騎馬過河」。

來的時候，喇嘛怕我們騎馬技術不佳，掉到溪裡，所以我們棄馬繞道爬沙丘。然而爬沙坡，我們也不是高手，個個吃沙、灰頭土臉，狼狽不堪。有了前車之鑑，加上這些天的訓練，喇嘛評估或許騎馬還猶勝一籌，所以回程決定帶我們騎馬闖關！

「暈水」，和「暈船」有什麼不同？

坐船，人被船包著，是靜態的，暈船是河水上下起伏造成的。騎馬，水沖過來是直接撲在馬的側邊，阻水面很寬、水深約到馬腹，水壓和看不到

▲過河照片無法拍攝，這是另一段驚險溯溪鏡頭。真不是用感恩可以形容！

的水下石頭，馬兒很緊張、謹慎的踏下步伐。

馬伕(瑜珈士)比馬兒還緊張，拉著轡繩不時看看馬、看看馬鞍上的人，確定馬兒每步路都平穩。我更緊張，因為不會游泳，雖然對岸就在眼前，可是滾滾湍急的流水，在我來看簡直就像大海。

馬兒破水前進，濺起的水花直接打在我們身上，迎面真實的戰場，視覺、聽覺臨場驚悚會讓你全身緊繃；隨著馬兒行進的韻律上下顛伏，心臟跳動增速，血液循環讓人覺得血壓升高，所以造成暈眩。尼瑪喇嘛說：

「千萬不要東張西望，不要閉眼、不要低頭，否則掉下水是頭暈造成的，不是馬兒不穩。」

河道不寬，但水流衝擊的力道不小，為了減少直衝的水壓，馬伕引導馬兒走ㄑ字型。短短幾分鐘的路，也是讓馬兒氣喘吁吁。

坦白說，這是一個有趣的歷程。藏人騎馬連八歲的小冉卡都能得心應手；「暈水」這名詞還真是我們這些「新鮮人」才能發明出來的詞兒。

抱棉被修法的當循 (Tachen)．福報來自於自己的努力

離開 Kak，目標直貢鞏巴 (kagyudrikung Gumbatara)。

路途中間會經過兩個村落，當循 (Tachen) 和廓拉 (Kola)；這兩個村落早在我們上山時，已經得知仁波切出關，所以祈請仁波切下山時能造訪加持。當循 (Tachen) 在深山裡面，仁波切未曾去過；廓拉 (Kola) 在山道路邊，我們來時曾在此下馬休息。

深山裡的當循，和前面幾個村莊沿途風光大不相同，獨立的與世隔絕，原始的山徑未經建設；難走的馬路，陡峭的坡度，連馬兒都得走三步停一步。最後喇嘛終於說：「馬兒太累了，大家下馬休息一下。」

摸摸馬兒心臟，跳動的太大力了，實在心疼。我拉著次林喇嘛：「走吧！不要等了，我們自己走一段路。待會馬兒會來追我們。」

今天真是走的叫苦連天。雖然景色真的很美，如果不是趕時間，在參天大樹下漫遊，是頗有一番風味的。我們抵達當循已經日落西山，今晚就在當地的學校教室借住一宿。精疲力盡，村民已經準備好晚餐，泡麵。

用完餐，休息一會兒，幾個穿著體面的女孩來問我們：「Need coffee ？」充分表現出熱忱的待客之道。這裡的居民並未讓人感到因為深居內山而個性閉塞，反而在待人接物上，感受到年輕人落落大方。

我們實在太累，七個小時的運動，只想好好休息，對飲食倒不是很大的興趣。

剛躺進睡袋，沒想到仁波切來巡房，看到我們累成如此，哈哈大笑，叫我們早點休息。我們累得東倒西歪；這時，喇嘛們才正要開始準備晚上的法會，架設壇城，做多瑪！

我不能不再次讚嘆仁波切身邊的喇嘛，再疲憊也不忘使命必達。然而，對法的熱愛，民眾的熱忱並不輸於行者。抱著棉被坐在露天無遮廣場的地上，薄薄的地毯哪裡擋得住地表寒

氣。婦女們背著嬰兒，有的懷中擁著幼子，還有稚齡的兒童翹首望著上師，雙手合十喃喃唸誦瑪尼，入夜零下的溫度，結冰的地面，卻凍不了鄉民對佛法、對祖古的期盼！

專注的眼神流露出虔誠與恭敬，你感受到他們的法喜嗎？

看到這樣的場面，讓人感動得掉下眼淚。原本修一座法至少需要一個鐘頭，有限的時間只能傳一個法，但是仁波切居然能為當循村民修了完整的長壽法和頗瓦法，老天都被感動了，時間被凍結了，雖然是短軌也是兩座完整的大法，非常殊勝。

福報來自於自己的努力，一切不可能，也可能會有奇蹟出現！仁波切說：「當地的住持瑜珈士會定期帶著民眾修薈供和念瑪尼六字大明咒。因此這裡的居民，雖然不富裕但很滿足，村子的氣氛也明顯感受到和諧。」

正如上師所說，當循給人一種和諧明亮的磁場，滿足的溫暖；從個人到家庭、到整個村落，都洋溢在滿足的幸福中，這不就是心的富裕嗎！

當循到慕西廓拉 (Musi Khola)・火燒山最危險的路段

往直貢村的路，在慕西廓拉 (Musi Khola) 的地方分岔，所以我們現在要先回到第二個營地慕西廓拉。

從當循到慕西廓拉，有點像從深山往外走的概念，穿越當循 (Tachen) 村，從村後的後山會比較近。

尼瑪喇嘛說：「村內不能騎馬，村外路面是土石流造成的破碎砂石路，很危險，這一段路要我們用走的。」

心想：「喇嘛又在唬弄我們了。一路來不都是這樣的路嗎？土石流造成的破碎砂石路，不就是「滑沙」嘛，在喀玩過了，還好吧！」

▶ 天真說這裡是最心悸的路段，扶著山壁找落腳處。

每天早上喇嘛要操我們體能，走一兩個小時的路，讓我們保持心臟有力，腿骨靈活，還有讓馬兒不這麼勞累，這些都是無可厚非的理由。

反正是下山路，不難走。我和天真師兄、德裕師兄聞言，就快步下山了。

沿路真的是破損的嚴重，走了好久的時間，離開村莊有段路了，才發現這路面開始越來越小，幾乎找不到橫面，一邊是岩壁，一邊是山崖，地面是火燒過後鬆軟的土質，焦黑的木頭摔落橫跨在路面，我猜是曾經火燒山。

我們扶著牆面慢慢地走，好在是一大早，腿兒頗有力，腳板幾乎是蜘蛛人式的緊吸在牆面而行。這會兒一個喇嘛都沒在身邊，跑太快了，沒想到會遇到這個狀況。說真的，「業力要來的時候，就是要你一個人面對」，此時旁邊就恰好就沒人，否則怎麼叫業力呢！當然，即便喇嘛不在，仍有上師、諸佛菩薩加持，我們順利安然地越過了最讓人恐懼的路段。

這讓我想到：「一個人能壽終正寢真是不容易，一生中要耗損多少福報？」

平時就要儲存好能量，應付無常。

危難也有盡頭，之後的路好走多了，我們輕快的御風而行。看見村落的屋頂和蘋果樹，代表慕西廓拉快到了。慕西廓拉我們稱它為蘋果之鄉，因為鄉民種了許多蘋果樹，結出的果實既紅又漂亮。

這時，仁波切神風隊也追上來了！

遠遠的山谷傳來海螺、法鼓齊奏聲音，廓拉山口的迎接隊伍排了好長的人群，很有秩序地站在兩旁的捧著哈達眉開眼笑，把仁波切迎往村內鞏巴。

才重新翻建的鞏巴，嶄新的裝潢，頗為莊嚴。仁波切為村莊灑淨、修長壽法。婦女孩子都著上新衣，接受加持。仁波切說：「這位住持也是有修為的瑜珈士，每年底都要帶村民念數

百萬遍的瑪尼 (六字大明咒) 迴向，雖然他們都不懂得大法，但有用心，所以村子還算蠻安定富足的。」

喇嘛指示我們台灣弟子依次上去供養廓拉犛巴的住持，這位行者應該是有過人之處。

廓拉 (Kola) 和當循 (Tachen) 都有一個特色，就是這兩個村落特別給人一種「明亮富裕」的感覺我相信這是來自大眾持誦瑪尼 (六字大明咒) 的頻率，特別讓人舒適。觀音度母的加持力量不可思議！

法會還沒結束，我們就被尼瑪喇嘛叫出來用中餐，之後要繼續趕路。

喇嘛說：「不能等仁波切修完法，神風隊騎馬速度很快，一會兒就會追上來。往直貢犛巴 (kagyudrikung Gumbatara) 路程還很遠，太陽下山沒有光，我們這群人得要餐風露宿。」我們對趕路頗有心得，太陽是不等人的。匆匆吃完飯就上路，走了個把鐘頭，終於來到上山時紮營的第二營地 (Musi Khola)。在雜貨舖前休息一下，喝杯咖啡，然後繼續上路。實在很累，但必須要在天黑前進村。

這裡是分岔點，往直貢犛巴村、水晶山、或者走回堵涅，都得在這裡分手。路線不同，沒能再次探訪第一天紮營的漂亮營地塔廓 (Tarakot)，有點遺憾！

但是坦白說，我實在看不出哪裡有路？樹都是長一樣的，路面寬度都差不多，都是在樹下穿梭，只是一條往直貢犛巴村、一條往水晶山、其他條都有可能是不歸路。

八百年歷史の直貢村·深山裡藏了桃花源

不愧是八百年的建設，直貢犛巴 (kagyudrikung Gumbatara) 真是一塊寶地。

沒有嚮導，你可能迷失在麥田中央，山腳下的蘆葦遮掩了上山路，一人一馬的寬度不是熟門熟路找不到入口，山腰上一畦畦梯田種了紅藜麥、青稞、玉米，田與田中間看似田埂步道，可是走走就沒路了；陡坡石頭後面藏著通道，草堆旁邊可能是

▲ 仁波切在大樹下修法，這棵大樹一面就可以為上百人遮蔭，莊嚴。

▲ 俯瞰直貢鞏巴：我們從東方凹口進村。鞏巴，最前方四方頂的那間。

路、也可能是陷阱，一個踏空就掉下去了，雖然摔不死，但也嚇掉半條命，然後又退回了原點，爬上來又得再費番功夫。我不懷疑這是個戰術布局，像極了小說裡諸葛亮佈的迷魂陣一樣。

回程下山時，我們自恃腳程快，沒有等引導者就率性的先行，結果智慧師兄就莫名的跌落到「下一階」，好在是跌落到鬆軟的梯田裡，並且背上的背包做了緩衝，否則如果是山石路的下一階，就不敢設想了，我們都嚇出一身冷汗。

真的不得不讚嘆前人智慧，這些村落每一個都有它防禦的特色，每一個村落都有入村的困難度，易守難攻。其中尤其以直貢鞏巴為最。

除了天然屏障，還有人為巧裝、瞭望孔等。但是等你進了小小的山門口，才真的讓你驚豔哇！山頂上竟然是好大的平台，有孩子正在踢足球，原來山裡藏了桃花源。

四面環山，天然的屏障阻隔了寒風暴雨，冬天溫度至少比外面溫暖幾度；而且這裡也沒有看到土石流的痕跡，代表四周高山有效的遮擋了風雨的侵襲。靠天吃飯的人，天災能減少就是福氣。

一望無際的平台，至少可以容納數千人，是收成後的玉米田，一些田裡有火燒灰燼的痕跡；一些田裡有殘餘的玉米根，留給馬兒啃食。孩子們隨地檢了玉米根，就是最好的零食，甜甜的味道就像甘蔗。

田裡豐富的植栽，帶給村民富庶的生活。無疑的，這裡真是得到傳承祖師加持的風水寶地。以犛巴為中心，上下通往好幾個村落，Samteling，Riwa，Tup。仁波切說：

「從當循 (Tachen)、廓拉 (Kola) 山腳下，舊橋到現在這個犛巴位置，都可以稱為直貢村，八百年前都是直貢傳承的弘化區；甚至整個多波，都是直貢弟子；水晶聖山是我的前身森給益西度化區！教主吉天頌恭有三個直傳弟子在這裡建設，八百年來留下的痕跡，到現在傳承的珠鍊依然耀眼。這些都是歷史可考證的資料。」

▲ 價值不是用錢衡量的，聳巴門口地上用心畫的八吉祥，代表著心的富裕。

看到整個山頭的建設，腦中浮起昶巴．紅山寺，一錘一鋤的敲地開整，從無到有、旱地拔蔥，一座寺廟建設尚且不易，何況整個山頭？這不僅是歷史古蹟，而是永續的傳承力量！阿里仁波切並不介意誰來管寺廟，只要是佛陀正法，寧瑪或噶舉都一樣，他說：

「數百年來前人付出的心血，除了造福後人外，留下的精神就是『付出』；我們依然要把這樣的理念傳下去，這就是『法脈傳承』！昶巴．紅山寺和直貢聳巴，現下因緣以寧瑪的弟子為多，但是因緣是無常的，法脈精神不會變，直貢傳承這條黃金珠鍊依然會耀眼的傳下去！」

睡醒的瑪哈嘎拉・起來做事服務眾生

我們住在村裡的小學教室，小巧可愛的學校，只有 4 間教室，和一間廚房。我們運氣很好碰到過年假期，所以夏利、當循、直貢村都住在學校教室，否則沒有選擇，這個冰棒溫度也只能睡帳篷。學校能夠蓋在村裡，代表這幾個村落都不小，但是怎麼比都比不上喀 Kak 小學的規模。事實上這麼大片的玉米田，也說明了直貢村應該是頗富裕的。

收成後玉米田就是村民集會的大廣場，廣場中央有一棵大樹，這棵大樹真是非常奇特，四平八穩的開枝散葉，沒有人修剪卻頗有威相，高山風雨強勁，未能將它吹垮，卻助長它更堅韌的生命力。不禁要讚嘆它，修得好！今天下午，仁波切要在廣場的大樹下為村民修法。

喇嘛和瑜珈士圍繞在上師周邊，民眾依次席地而坐。這個場景在佛陀弘法的版畫上看到過。多麼莊嚴的畫面，能夠跟著佛陀修行是多麼令人嚮往的事。看著前方法座上的上師，這不就是本尊嗎！能做阿里仁波切的弟子實在太幸福了，此生能得遇正法、聖僧，真是莫大福報！

修完法，仁波切帶我們參觀寺廟典藏的佛像古蹟！鞏巴裡的佛像都有數百年的歷史，裡面的裝藏不只有珍貴的典籍，還有大眾供養的珍寶。

開放式的古蹟，「被偷」是可想易知的。十幾年前仁波切第一次造訪的時候，跟當時 (= 現任) 住持說要為他們修建寺廟，以維護、保存古蹟。

當時住持不同意，所以沒有施工。後來佛像內部的裝藏被偷，是在預料中的，但甚為可惜！

一尊四臂的瑪哈嘎拉供俸在側殿，很可愛的雕塑手法，讓人一見就喜歡，但好像缺了點什麼，可能是放久了，灰灰的。

仁波切說：「裝藏被偷，瑪哈嘎拉一副無精打采，要把祂叫起來做事，服務眾生！」難怪這尊瑪哈嘎拉怎麼看就覺得少了什麼。經仁波切一說，真是一語道破玄機。對了！就是無神！失魂落魄的，少了點精神。

所以除了為民眾修法，仁波切還要抓緊時間為犛巴裡的瑪哈嘎拉修法。喇嘛馬上動起來，當晚就修法。

修完法的瑪哈嘎拉，生動的模樣活靈活現、神采飛揚，像極了上師。

我們在直貢村住了兩個晚上，明天我們就要離開回堵涅了。

難忘的旅程！難忘的瑪哈嘎拉！

「起來做事，服務眾生！」哈！上師一個也不放過。

賤民村日哇 (Riwa)・眾生皆平等

賤民村，我們很難想像「職業」會是命運的枷鎖！然而鐵匠職業確實就是賤民的宿命。印度、尼泊爾「種姓制度」，以出生的家庭論定前世所造業力，簡單的不平等就劃分了人的階級。賤民 (Dalit) 的意思是汙穢的人、會給接觸者帶來厄運的人，日哇村 (Riwa) 鐵匠 Dalit 就這樣揹負了原罪。

如果我們認為命運能主導人生，那麼除了相信因果之外，更需要的是「創造因果」，唯有靠自己「挑戰業力、反果為因」的毅力才能擺脫宿命的枷鎖！

日哇村 (Riwa)，約有 50 戶人家，上一代的村民多以鐵匠維生，打造馬騾用的器具，蹄鐵、口條、及生活用品、鍋壺之類的。事實上這一代的年輕人並不完全從事鐵匠工作，現代化生產改變人工製程，然而因為「種姓制度」的桎梏，下一代仍然承襲了賤民 (Dalit) 的名稱與身分。

蓋昶巴・紅山寺 (Dhakmar. Hongshan Gompa) 的建築師來自日哇。一日他鼓起勇氣跟仁波切說：「在紅山工作這幾年，知道仁波切幫助許多村落

蓋廟、蓋學校，而且他確定仁波切不計貴賤、是平等大悲的真修行人，因此懇請仁波切到日哇村修法加持，了解賤民村的悲哀，幫他們走出命運的陰霾！」

與生俱來的命運，這麼沉重的負擔，阿里仁波切的佛心當然被觸動了，離開直貢鞏巴的下一站，就是去日哇！

森給滇真 (阿里) 仁波切為了讓大眾棄除迷信，了解「種姓制度」只是對「名稱」的恐慌畏懼，「賤民」並沒有與眾不同。他帶了大隊人馬洋洋迤邐的進入日哇村，不經意的把村民送來的飲水遞給周邊每一個人喝；並且安排住宿日哇村一晚，以實際行動給日哇村民送暖，用事實洗清數百年來無知的傳言。

村裡一位比較有智慧、比較敢說的人告訴仁波切：「許多人對賤民村是有忌諱的，不願進他們的村子，甚至有些修行人也不敢喝他們的水、食物。他們說這樣會帶來霉運。」

在吃飯聊天的過程，仁波切發現女孩子都沒有進來，甚至連遞茶水這些女活都是男人在做……

村長說：「日哇村的女人更可憐，女性的地位更低，村內自己人甚至都不敢喝女孩子手中送來的水，不敢碰到女子手中的水杯。他們根深蒂固的認為階級越卑賤會帶來的厄運越大，以至於日哇的女性承受雙重歧視，特別自卑。」

這些沒有理由的宿命論，總是讓人產生無知的恐懼。「自卑」是多麼可怕的心魔。自己都不愛自己，誰能給你生存的信念？

仁波切把圍觀的女人叫進來開導一番。「人人皆具有智慧德相；眾生皆平等無有高下。」不知是喜極而泣，還是悲從中來，大眾淚灑滿面。從來沒有人真正想了解他們的苦，唯有「自己的」上師才不會嫌棄子民，「依靠上師」就是心安的方法！

晚上，仁波切、奔巴喇嘛及隨行的一些僧眾皆在村內留宿。村民驚喜萬分，各家各戶將全新的被褥抱來讓上師、喇嘛使用。仁波切阻止不了村民將最好的東西供養佛，但願一切眾生皆得滿願。

阿里仁波切無畏的付出，讓村民感受到真情溫暖，找到尊嚴和信心。

眾生視上師如佛，上師視眾生如母！

華嚴世界裡，眾生皆平等！

實質的助援·用教育提升日哇的質能

「民主」，不是爭來的，是真正用行動幫助弱勢，提升他們的質能，改變社會的觀感，才能去除不公平現象。

日哇村長說：「現在日哇小學只有一個全能老師，教 1~3 年級所有科目。如果想繼續讀 4~5 年級，得要到別村就讀。然而賤民的身分，日哇孩子走到哪都被排擠，躲避、不歡迎，甚至被歧視、欺負。祈請阿里仁波切協助增聘老師，讓孩子可以讀到五年級，完成小學學程基礎教育，彌補政府資源的不足。」

阿里仁波切毫不猶豫答應了，他一向的理念就是：「教育是改變命運最實際的方法。」

說到「教育」，不是只有增聘老師的問題，隨之而來的校舍增建、師資來源，有沒有人願意來賤民村教書，這些都是頭痛的大問題。

我問上師：「建學校、找老師，學校教育對日哇孩童真的有幫助嗎？」

阿里仁波切說：

「那是一定的，有了學歷、知識、技能，他們會有生活能力，自然就會有自信。如果日哇質能改善，日後其他賤民村都可以複製它的經驗；對社會的觀感也會有正向提升。所以蓋學校對他們是最大的幫助。

至少，目前日哇村民他們現在就有感受：不是每一個人都離棄他們；還有一個『我的上師在關心我們、給我力量，幫我解決問題』，這就幫他們建立了信心和勇氣。」

幫每一個人建立對生命的信心，阿里仁波切「選擇做對的事」，從不會因為困難而卻步。我相信「森給慈善基金會」下一個工作重點會放在日哇！

共生與平等．培福與圓緣

德裕師兄帶著小冉卡邊走邊追逐的趕馬遊戲，一會兒就不見人影。

八歲的孩子離開家鄉離開母親，德裕師兄扮演爸爸的角色，這兩個比手畫腳的父子，也樂在其中。無需言語，德裕師兄享受了天倫之樂，也溫暖了眾人的心。

蘇芮有一首歌〈奉獻〉，

長路奉獻給遠方，玫瑰奉獻給愛情，
我拿什麼奉獻給妳，我的朋友！
白雲奉獻給草場，江河奉獻給海洋
我拿什麼奉獻給妳，我的愛人！

「我拿甚麼奉獻給妳？大地母親」……我常沉思這句話。

2015 年 4 月 25 日尼泊爾 7.3 級世紀大地震。

阿里仁波切組織有為青年成立「森給救災團」展開救災活動，並且持續 6 個月奔走於各山區，深入偏僻村落。

看到這麼多的孩子生命在空轉，因為貧窮無教育，人生沒有未來；還有那麼多孤老無人照料，無語問蒼天，大限日子何時終了；啊！眾生苦未除……「森給慈善基金會 Senge Foundation」於願而生！！

2020 新冠狀肺炎病毒教會我們「共生」與「平等」！能與病毒共生的人，生命不受威脅；了解宇宙平等的人，懂得惜緣！唯有善根、善念才能改變共生環境，淨化生命的磁場。

善念的種子培育菩提，善根的種子豐富未來！將善的種子播撒出去，普施關懷，廣利眾生……

讓你的人生「圓緣」！

★★ 尼泊爾護持帳戶

銀行：NEPAL INVESTMENT BANK LTD
戶名：Senge Foundation
帳號：02401030256353
地址：P.O.Box：3412,Boudha Branch, Kathmandu,Nepal
代碼：NIBL NP KT
電話：+977 9802051669

★★ 台灣護持帳戶

銀行：彰化銀行 (009) 吉成分行 (9658)
戶名：中華佛教直貢噶舉協會
銀行帳號：96580100598400
地址：台北市民權東路六段 136 巷 30 號 5 樓
電話：(02)2791-9920

歸去雜記·
里米協會迎請及外國友人的遺憾

10/30 離開直貢犛巴，這將是喜馬拉雅山行腳的最後一站。

回到 Dunai 堵涅，我們遇到兩團遊客，分別來自荷蘭和瑞典，每團人數約 8 人左右，應該是屬於精緻的自由行。他們看到我們隨行的喇嘛，還有馬匹，對我們的旅程充滿好奇和羨慕。瑞典團的友人跟我說，在堵涅周邊繞了一圈就花了十天，風景雖美，但意猶未盡；荷蘭團的友人跟我說，來尼泊爾已經兩次，仍然未能深度了解當地民俗風情，因為導遊不能了解他們旅遊的動機與目標。

▲ 紅山兄弟們感恩你們一路照顧，再見了。

▲ 里米 Limi 協會在加德滿都機場歡迎仁波切

當他們看到上師的閉關修行照片，聽到 4200 米的昶巴・紅山寺 (Dhakmar. Hongshan Gompa)、喀村國際露營區的故事，讚不絕口，「Amazing ！」……

眼中流露出渴望的眼神，馬上就跟當地導遊說，要轉道去上多波巴弄。導遊雙手一攤，無助的說：「不可能！」

這群友人迫不及待地攤開地圖，註記下一趟旅程的規劃。

雖入其門，但難窺其內貌的人大有人在。看到他們失望的表情，觸動我應該為此行留下些軌跡的念頭。

加德滿都里米 (Limi) 協會期盼仁波切下山，早已準備多時。在里米，聖者森給益西建了三座祖寺，當地信眾對於阿里仁波切自然視為祖古重返，因此加德滿都的里米協會熱鬧騰騰的舉辦三天祈福法會與上師薈供，為上師阿里仁波切接風。

這次山上有好幾位年輕人祈請出家，跟著我們下山。堪布巴桑和倉巴仁欽帶著這些弟子包車，直接從堵涅回加德滿都，因為珠帕和尼帕干紮的飛機一票難求，仁波切將安排他們去佛學院讀書。在上學之前，心細的上師幫孩子們裝扮行頭，帶著他們逛街買一些衣服和日常用品，讓他們自在的學習當都市人。之後又帶著大家去猴子山玩，拍些照片、影像寄回去家鄉，讓父母、家人、親友放心。

阿里仁波切就是這麼的細膩，喇嘛們也都被教育的一樣暖心。離開家，我們每一個都是被上師照顧的孩子。阿里家族的成員真是說不出的幸福！

天下無不散的宴席，離情依依，不論看連續劇或小說，完結篇總讓人惆悵。面對離別，有點不捨，但又必須歸去的心情。與以往旅遊不同，這是一趟溫情之旅，我們自己編寫的生命故

事。故事裡有金剛兄弟的打罵嬉鬧、上師與我們談笑風聲、還有鄉民友人的熱情招待、這是一篇用心寫的旅程，有哭有笑，即使再走一遍，也無法回到過去。

然而生命原本就是條不歸路，如果生離尚且如此狼狽，將來何堪忍受死別之慟？面對許多「不得不」，還是必須得要學會放下！轉換心境，我最喜歡的就是蘇東坡，有誰比他更悲劇？生命中幾次的轉折，悲苦最終都能釋懷！開玩笑的說，蘇老都沒得憂鬱症，又有誰有資格稱自己是悲劇英雄？

〈定風波〉

莫聽穿林打葉聲，何妨吟嘯且徐行。

竹杖芒鞋輕勝馬，誰怕？一簑湮雨任平生。

料峭春風吹酒醒，微冷，山頭斜照卻相迎。

回首向來蕭瑟處，歸去，也無風雨也無晴。

「竹杖芒鞋輕勝馬」我現在不就是這個樣嗎？

「誰怕？一簑煙雨任平生！」大風大浪也不過就是「一簑煙雨」，怕什麼？

「回首向來蕭瑟處，歸去，也無風雨也無晴。」真是佛心來的！

坦然面對、隨處放下，心情平復多了。

2019/11/7 踏上歸途，滿載幸福的行囊，不能不說，跟著上師的腳步走到哪兒都是很幸福的事！

台灣，我平安回來了，真是無比的法喜與感恩！

返台行後記・金剛亥母灌頂與禪破授課

歸來，滿載幸福的行囊，原本作為此趟旅遊完美的結束！

然而，新冠狀病毒的席捲全球，提醒了我一段重要的章節還沒交代。再次提筆，並非是要吹噓阿里仁波切的神話故事，然而，我們不能否認宇宙間有股「無所不知、無所不能」的能量；也就是因為這股能量，賦予我們信心，我們相信天底下沒有解決不了的問題！

2019 年中，弟子們就在想：「上師下山，我們得跟上師要個大禮物！」這是多麼難能可貴的機會啊！天寒地凍中修

▲2019.12.22 台北國際會議中心，金剛亥母灌頂。

「拙火定」、無生法忍，有幾個人做得到？

我們此生大概是做不到了，但是如果有一些分享也於願有足矣！

噶舉傳承修持法門「大手印、那洛六法」，都是祖師留下來最珍貴的法。「大手印」是直指人心的般若空性；「那洛六法」是那洛巴尊者傳給馬爾巴的方便法門，拙火瑜珈、幻身瑜珈、光明瑜珈、夢瑜珈、中陰瑜珈 (頗瓦法)、遷識瑜珈。雖然此法已廣傳，四大教派都有人修，但到位的人實在不多。困難！

尊貴上師森給滇真仁波切毫無疑問的承擔了直貢噶舉傳承使命，不但自己勤修，還指導弟子在冰天雪地實修大手印。猶如馬爾巴、密勒日巴、岡波巴……所有祖師所做，才能讓這條黃金珠鍊千年未曾斷過。

你能想像這條黃金傳承擁有的能量嗎？

阿里家族都知道上師此趟閉關的難能可貴，所以不管是否會被上師說：「貪法」，也要跟上師討個灌頂！但是實在沒有人敢提出來。因為阿里仁波切一向反對為灌頂而灌頂，「貪法也是個貪」，不懂法義、未實修的不給灌頂。所以二十年來，不管甚麼灌頂，總的來算，都沒超過十次！

執行長把想法跟尼瑪喇嘛討論。執行長說：「勝樂金剛灌頂吧？！這是直貢傳承大手印的本尊灌頂。」

尼瑪喇嘛說：「要，就要最好的，那就金剛亥母吧！今年是豬年。亥母灌頂最好了！」哇！喇嘛心更大了，金剛亥母是修「那洛六法」的本尊。依照傳承次第是修成大手印，然後修那洛六法時才給金剛亥母灌頂。

▲2019.12.23 灌頂法會後阿里仁波切與義工菩薩合影

不要說灌頂，這個名詞在台灣許多弟子都沒聽過，太稀奇珍貴了。當然，阿里仁波切在台灣一次都沒傳過「金剛亥母灌頂」！執行長也不敢提出來，所以請尼瑪喇嘛幫我們跟閉關中的上師請求。

沒想到傳回來的訊息：「仁波切答應了，而且除了金剛亥母灌頂外，還附贈禪破授課！因為灌頂是生起次第，授課是圓滿次第。」

哈！天下沒有白吃的午餐。

簡單的說，灌頂是上師給我們能量，授課是讓弟子們依教奉行。

傳承心要、能量賦予・挑戰輪迴、心の極樂世界

2019/12/8 阿里仁波切返台。

2019/12/22~12/23 台北市國際會議中心，舉行金剛亥母灌頂、及禪破授課。一樓大會廳坐滿出家眾及顯、密各教派弟子七百多人座無虛席。

2020/2/8~3/21「傳承心要：承接法脈、挑戰輪迴」傳授那洛六法精髓。

▲ 授課：佛德果海不可說，普賢因地說不盡。

2020/4/6~4/12 阿企佛母七永日竹千除障滿願法會。

挑戰輪迴課程，報名人數超過 120 人，全勤人數超過 80 人，其中有許多來自中南部的學員，在新冠狀肺炎疫情最緊繃的時候，每週堅持搭乘大眾運輸來台北上課。這種信心、生命懸念、不棄求法的渴望，都是非常好的緣起。融合了個人實修實證，阿里上師用各種譬喻解釋，全方位的回答弟子們各種禪、淨、密修行上問題，讓弟子清晰易懂。仁波切風趣幽默，課堂上笑聲不斷。課後，學員們紛紛表示：「鮮少有中文這麼好的藏人上師，能把藏傳佛法精神講得這麼傳神清楚。」

阿里仁波切 19 歲來台的時候，澈贊法王派他去法鼓山學習中文，並且了解漢傳佛法在翻譯上的異同；無獨有偶，那

▲ 阿企佛母騎乘藍色水馬於雲間

時聖嚴法師也正在進行漢、藏佛經相融互譯的工程。阿里仁波切是第一個得到法鼓山漢藏佛經互譯證書資格的仁波切，在中華佛教界也算是一個創舉。除了精通經論，他還有多次長期雪地閉關的實修經驗，對禪、淨、密門路精髓與細微差異，無一不了達。一個願意用生命弘法利生的上師，堪稱為全方位的上師！師徒相遇，因緣成熟，是弟子們莫大福報！

一切都是那麼自然的鋪陳，誰也沒想到物換星移，全球性的天災人禍會接踵而來，原本預定九週的課程 4/4 結束，不得不重新安排緊鑼密鼓於 3/21 七週加課講完。直至授課圓滿，大家鬆了口氣，才恍然 2019 行腳因緣、2020 灌頂傳法因緣都不是偶然。

阿里仁波切一直說自己沒有神通，但是他的菩提心相應於諸佛菩薩，對眾生的苦感同身受，所以「不經意的」就傳達了法界訊息與能量。現在看來，甚至連這個課程名稱「承接法脈、挑戰輪迴」，都含有深刻的護佑之意！

2020 年是一個驚悚年，高潮迭起速度快的讓人措手不及。澳洲森林野火，四個月燒毀了三個台灣！地震，1/29 古巴 7.7 級、2/1 日本 5.2 級、3/20 西藏 5.9 級、3/22 克羅埃西亞 5.4 級都是強度地震；蝗災，3600 億隻蝗蟲，一天吃掉了 35000 人份的糧食；然而這些災難仍不敵新冠狀病毒瘟疫來的可怕，封城、鎖國，也檔不住空氣的流通，未來還要熬多久？還有多少人死於非命，都是個未知數。

一開年，全球經濟損失就遠遠超過 2008 金融風暴。天災人禍，生命在剎那間從地球上消失，財富在一瞬間化為灰燼。平時沒有建立「無常」觀念的人，那種悲愴痛苦，又是另一個

▲2020 阿企佛母除障法會

噩夢的開端。每年春節前後中華佛教直貢噶舉協會內湖中心都會修護法，沒想到今年被挪移到疫情最嚴峻的時間，4/6~4/12舉辦阿企佛母七永日竹千除障滿願法會，阿里上師帶領大眾祈請護法加持「新冠狀病毒疫情速止息」。

天時地利人和，一切都安排的恰恰好。就如同澳洲大火在「全世界連線祈福」，一場「30 年未見的」大雨，終於澆熄了 32 處的野火，一切都是那麼完美。如果不是這場及時雨，天降甘霖，實在很難想像這場大火要如何用人力去熄滅！

是巧合嗎？如果我們「相信因果」，就會相信每件事都非突發。種族、膚色、國家，都是最表象的差異，實際上不論水生、胎生、濕生、化生，都是共生於這個星球，一隻蝴蝶拍動羽翼，都能改變全球頻率，這就是「共業」。新冠狀病毒在某些人身上是致命的因子，但在某些人身上卻起不了作用。為什麼？科學家說病毒的變異率與致死率呈正相關，但是台灣這個人口密度極大的國家，社群感染卻沒有爆發，一次一次走過長假危機。為什麼？生物學教授說：「因為病毒在寄主體內保持平衡狀態，所以寄主身體不會發炎！」這就是「共生」的概念。

「共生」源自於善念的習性；「眾生如母」就是最好的詮釋！「感恩與包容」，極樂世界裡沒有敵人，互不侵害。如同前面故事所說，沒有相欠的因，它不會傷害你。

漫天野火，生靈塗炭，如果用同理心感同身受，「尊重生命」是我們要學習的第一課！

曾經，科學家做過一個【水的實驗】，證實「一盆水」如果對它說讚美的話，它的結晶會轉變得較漂亮；如果對它發出不好的言語，水的結晶又會變成另一種樣態。這個實驗告訴我們，即便是「無生命樣態」的水，對外在的反應都會有互動。那麼更何況是有生命體的生物？

如果能用善念對待眾生，平常心看待一切發生的現象，改變對立的軌道，是不是就能轉換因果？

佛陀在華嚴經講述：「因、果互為緣起，環環相扣、交融互現。」

阿里仁波切說：「福報是因或是果？由你自己決定。有智慧的人，懂得把握現下所擁有的資源，種下未來的善因，轉換成未來的智慧資糧。如果把福報用來享受，吃喝玩樂，終有一天果實會消耗殆盡，歸零。」

「創造善的因緣，反果為因」是真善美的起步，我們的未來會更好！

新冠狀病毒教會我們認識「平等」，躺在棺木裡的不僅是老人、窮人；年輕、權貴一樣不免於老、病、死、苦。因此每一個人都必須珍惜此生有限的時間，無論吃喝玩樂或是勤奮工作，「無常」隨時都有可能將它畫下句號！人身難得，審視生命是一種智慧，相對於吃喝玩樂消耗福報的人，勤奮工作者又往往忽視了眼前流逝的色彩，常常掉入憂鬱的窟穴。

你可曾想過：「此生可有遺憾？你過的快樂嗎？」或者，想想看：「如果這個時候倒下了，有多少人會為了失去你而感到悲傷？」還是你走到哪兒都只是個「影子」，從來沒有人在意你的「出現」，也從來沒有人會為你的「不見」而遺憾？

你發現到了嗎！雖然我們沒有時時注意過太陽，卻非常在意它是否存在，因為陽光底下沒有陰暗。如果你常常點亮手中的火把，常常為人照亮行路，那麼自然的，你就會是他們的太陽，活在別人的心中，沒有人會忽略太陽的存在！

死亡，對佛教徒而言只是「一個生命會期的結束」。如同太陽在此地落下的同時，就正在另一個國度中升起，起起落落就是「輪迴」。

然而，不變的是發光發熱的溫暖，這就是太陽永恆的「生命價值」。名字只是此生父母給的代號，但是「生命價值」卻是跟隨自己永恆的能量。

「感動」是能量的觸媒，去做感動的事、挖掘讓你感動的故事，點亮心光，讓心念恆持運轉在良善的迴圈中，你的生活必然充滿靈感的喜悅。

挑戰輪迴，何須寄望未來？！

與其期盼明天會更好，不如把握當下、創造因緣；將我們的善念相融於宇宙，用慈悲之心祈禱一切吉祥圓滿。

相信你一定能建構一個屬於自己的

心の極樂世界！

行後記

「讀萬卷書不如行萬里路！」每次旅遊、每一個國家，都讓我感動莫名。譬如義大利的街道上的古蹟，保存了「羅馬帝國」的榮耀；德國以「國名」宣示日耳曼民族的獨特智慧；瑞士的「祥和」，就如同阿爾卑斯山那樣與世無爭；北歐「冷寂」的空氣，呼吸中就感受它靜止的禪意；印度的神，多得讓人目不暇給，然而始終不變的是，「合十」的祝福。

旅遊中，我們發現歷史文明越鮮明的國家，民族性越強烈。這些族群之所以能夠存活於時間浪潮歷久不衰，那是因為鐫刻於人們心中的一種榮耀，它不再是過去的「歷史」，已經演變成一種民族意識，形成民族文化。

雖然喜歡旅遊，但從來未曾想過要為自己的足跡留下些甚麼。從尼泊爾回來，思潮泉湧，一股力量催促我，由不得我不動筆。一路上喇嘛鉅細靡遺的保護照顧，從行路安全到飲食生活，在腦中不停的閃過感恩兩字。午夜夢迴，一幕幕都是藏民同胞；賤民村，淚眼婆娑訴說眾生悲苦的畫面；還有那些被放生的生靈、被騎乘的溫馴馬兒，它們都有說不出的感恩故事。上師不言而教，體現「道」的本源之愛，太多的感動，無語的大地，必須用我的筆為它們發聲。

在台灣，我們信手捐施，自以為是的「慈悲心」，當真正到了邊地絕域的考場，面對熱輪上嚎啕的眾生，測試「三輪體空」、「視而不見、聽而不聞」定力的時候，才發現自己微薄的能耐，實在不給力。

「不隨境轉」不是麻木不仁，是「應無所住」。相對於富足，這裡真是貧乏得極致；相對於「忙、盲」的生活，這裡又無憂得似天堂。思路在反差中穿梭，時空在過去與現代中跳躍。如果你仍能保持情緒平和，這裡真的是最好的修行道場。

不同於以往的感官旅遊，這趟紅山行真的是觸動了「心」的層面。看到上師赤身修拙火，零下十幾度的雪地裡，披冰覆雪，禪坐修「無生法忍」，如如不動！原來苦其心志、勞其筋骨、餓其體膚、空乏其身，只因為……天將降大任於斯人也！剎那間，我感受到這件「福田衣」真不好穿，菩薩聞聲救苦，普化眾生何其容易？

此行，在身心靈全然放鬆中，看到「心」的主宰力。佛陀說：「制心一處，無事不辦」！雖然「心」主導了我們的喜怒哀樂，但是不論有形、無形，放下比較、分別，就沒有爭強、鬥勝的煩鬱。「上善若水」，欣賞是一種生活的藝術；讚嘆是發自內心的氣度；人與人之間，「自我意識」的隔閡，必須由心化解。異中求同，知福、惜福、再造福，「萬法唯心」，用純淨的心創造的實相世界必然祥和無諍。

你聽！用心聽！看到了嗎？用心看！

爾時世尊從肉髻中涌百寶光。光中涌出千葉寶蓮，
有化如來坐寶花中。頂放十道百寶光明，
一一光明皆遍示現十恆河沙。
金剛密跡擎山持杵遍虛空界。大眾仰觀，
畏愛兼抱，求佛哀祐，一心聽佛，無見頂相……

喜瑪拉雅山，我走進生命的曼荼羅！

༄དཔལ་འབྲི་གུང་བཀའ་བརྒྱུད

阿里仁波切給大眾的祝福

能夠讀到這本書的人非常有福，因為它給大家帶來正能量，十分療癒。21 世紀，科技發達食衣住行各方面生活機能都有很大的提升，但是即便豐衣足食，許多人並不快樂，心中的空虛感、憂鬱症讓許多人失眠。物質生活沒有辦法給人帶來滿足，因為人心不容易滿足，根源就在於貪念和比較，所以對自己所擁有的一切，也感受不到那種幸福。我們要懂得用「心」去自我療癒，自然能解除許多問題。

曾經有人問我:「仁波切，您還記得轉世前的記憶嗎？您做的這些事，是因為乘願再來的慈悲嗎？」

佛陀說：「我們都是轉世來的。」對嗎！六道輪迴，狗、貓都是轉世來的。至於我是不是「乘願再來」的呢？我也不知道。

如果有人說你們是菩薩轉世來的，那你們是不是都應該要做菩薩做的事，至少要具有菩薩的慈悲心，這就是使命！至於是不是「轉世菩薩」並不重要，你的使命感、承擔力才重要；做對的事、做好的事，都是轉世菩薩來的，否則所有的「名號」也都只是虛名而已。

毋庸置疑心的力量無比強大，如果你能看到自己的心，時時觀照它、讓它不起多餘的念頭，心自然有療癒的能力；「慈悲喜捨」大乘佛子應該時時觀修四無量心，在生活中「利他」，付出不求回報，這就是菩提願行。

祝福大家讀完這本書以後，快樂指數都能大大提高。

平安吉祥！

國家圖書館出版品預行編目資料

行．入喜馬拉雅山 / TAMANG,TENZIN TULKU, 仁欽秋吉．愛麗絲著 . -- 初版 . -- 臺北市 : 博客思 , 2020.11
面；　公分 . -- (生活旅遊 ; 22)
ISBN 978-957-9267-78-6 (平裝)

1. 遊記 2. 尼泊爾 3. 喜馬拉雅山脈

737.49　　　　109014064

生活旅遊 22

行・入喜馬拉雅山

作　　者：TAMANG,TENZIN TULKU、仁欽秋吉・愛麗絲
編　　輯：沈彥伶
美　　編：涵設
封面設計：涵設
校　　對：古佳雯、楊容容
出 版 者：博客思出版事業網
發　　行：博客思出版事業網
地　　址：台北市中正區重慶南路 1 段 121 號 8 樓之 14
電　　話：(02)2331-1675 或 (02)2331-1691
傳　　真：(02)2382-6225
E—MAIL：books5w@gmail.com 或 books5w@yahoo.com.tw
網路書店：http://bookstv.com.tw/
https://www.pcstore.com.tw/yesbooks/
https://shopee.tw/books5w
博客來網路書店、博客思網路書店
三民書局、金石堂書店
總 經 銷：聯合發行股份有限公司
電　　話：(02) 2917-8022　傳 真：(02) 2915-7212
劃撥戶名：蘭臺出版社　帳號：18995335
香港代理：香港聯合零售有限公司
電　　話：(852)2150-2100　傳真：(852)2356-0735
出版日期：2020 年 11 月 初版
定　　價：新臺幣 380 元整
ISBN：978-957-9267-78-6 (平裝)